BRASILEZA

Coleção ELOS
Dirigida por J. Guinsburg

Equipe de Realização – Tradução: Mônica Cristina Corrêa • Preparação: Lilian Miyoko Kumai • Revisão: Iracema A. de Oliveira • Logotipo da coleção: A. Lizárraga • Projeto gráfico: Adriana Garcia • Produção: Ricardo W. Neves, Sergio Kon e Raquel Fernandes Abranches.

Patrick Corneau

BRASILEZA
SUÍTES BRASILEIRAS

ilustrações:
Alex Cerveny

PERSPECTIVA

Título do original em francês
Brasileza: suites brésiliennes

Copyright © Patrick Corneau, 2007

Dados Internacionais de Catalogação na Publicação (CIP)
(Câmara Brasileira do Livro, SP, Brasil)

Corneau, Patrick, 1950- .
Brasileza : suítes brasileiras / Patrick Corneau ;
ilustrações Alex Cerveny ; [tradução Mônica Cristina
Corrêa]. -- São Paulo : Perspectiva, 2007. -- (Elos ; 60)

Título original: Brasileza : suites brésiliennes
Bibliografia.
ISBN 978-85-273-0795-6

1. Brasil - Civilização 2. Brasil - Descrição e
viagens 3. Brasil - História 4. Viajantes - Brasil
5. Viajantes - Escritos I. Cerveny, Alex. II. Título.
III. Série.

07-5449   CDD-981.0099

Índices para catálogo sistemático:
1. Viajantes : Relatos : Crítica e interpretação :
Brasil : História 981.0099

Direitos reservados em língua portuguesa à

EDITORA PERSPECTIVA S.A.

Av. Brigadeiro Luís Antônio, 3025
01401-000 São Paulo SP Brasil
Telefax: (11) 3885-8388
www.editoraperspectiva.com.br
2007

*Para Sheila,
minha estrela na terra que, pelo sorriso
da sua alma, ilumina a minha escrita...*

Quando não se fala das coisas com uma parcialidade cheia de amor, não vale a pena reportar o que se diz a respeito delas.

Goethe

Se o paraíso existe em algum lugar na terra, não deve ser longe daqui

Pedro Álvares Cabral, descobrindo o Brasil, a 22 de abril de 1500

O melhor lugar do mundo é aqui e agora.

Gilberto Gil

SUMÁRIO

PREFÁCIO – *Ilda Mendes dos Santos* 15

APRESENTAÇÃO 19

Suíte Brasileira I:
Aqui e Agora 23

Suíte Brasileira II:
Brasiliana 105

Suíte Brasileira III:
Travelogue 145

ÍNDICE REMISSIVO 169

PREFÁCIO

Com *Brasileza* o tom aparece de cara: trata-se do amor por um país chamado Brasil, da trajetória física e intelectual de uma terra e de uma poética. *Brasileza* é um relato de viagem e um diálogo, irônico e incisivo, com o gênero desconcertante que abriu o Ocidental à era da descoberta e da suspeita, instalando a ficção em outros mundos possíveis. Os laços sempre foram estreitos entre viagem e ensaio, e a obra é também reflexão sobre o processo de mistificação e desmistificação desencadeado por toda experiência do mundo.

Construído em três tempos, ou no compasso de três medidas – as suítes brasileiras –, o autor refaz, de São Paulo ao interior da Amazônia, o itinerário que os primeiros exploradores paulistas percorreram no final do século XVI. Este afresco cartográfico, feito de saltos e sobressaltos, faz aflorar lembranças e anedotas, mistura reflexões e informações, restitui vivências e convoca as experiências de aventureiros, escritores e viajantes. Assim, tal trajeto permite descobrir a força de lugares propícios aos vôos da imaginação e, muitas vezes, aos estereótipos europeus, antes de se demorar, aqui e ali, no eterno insólito e revelar o reverso de um país enraizado para todo o sempre no ideal paradisíaco. As páginas surpreendentes dedicadas à utópica Fordlândia, no coração da Amazônia, aparecem como símbolo desta graça brasileira, que tanto comove o narrador, mas também como símbolo de sua desgraça. O ensaio sobre a monstruosa beleza brasileira se transforma então numa espécie de abecedário inflamado (futebol, telenovela, saudade...) no qual se toca de perto o caráter do ser brasileiro: voz, sintaxe, molejo do corpo e do pensamento. É um estilo certeiro como o estilo cunhado nos corpos de cera que, no passado, o escritor da nau da "descoberta" ofereceu ao soberano português, estilo que o modernista Mário de Andrade, em responsório irônico, dizia miscigenado, proteiforme e sutil.

Da superfície à ossatura camuflada, Patrick Corneau desmascara o lugar comum e, ao sabor de suas leituras e experiências, acaba pouco a pouco saindo do Brasil para se entregar a uma meditação – *travelogue* – sobre o peso dos lugares e a moral da viagem. Sob a imagem de todos os nossos Édens, a velhice e a ruína... Michaux, Lévi-Strauss e muitos outros (inclusive Houellebecq) aqui se encontram para uma glosa da viagem embutida em toda narrativa do gênero. Esgotamento das terras e das distâncias, busca desenfreada do novo e reprodução planetária do pálido pitoresco, o tom está mais para melancolia e aporia. Os homens do Renascimento viam nas regiões recém-descobertas uma solução para o estancamento não apenas material do seu país e, em pouco tempo, o arruinamento entrou para o catálogo do moderno. Sem dúvida, a violência exacerbada ou rudimentar de nossas sociedades e a Era do falso minam hoje qualquer forma de encontro. Nas cidades e no campo, nossa época se encontra numa praça que só permite olhares oblíquos e aprofunda a solidão, e não num cruzamento, lugar do possível e do encontro. No entanto, é ainda o Brasil que pode oferecer solução para pôr fim a uma vida fantasmática desprovida de humanidade. Nas belas páginas finais, o autor lembra a *Volta*, manobra náutica efetuada pelos marinheiros no Atlântico para descobrir a *Terra Brasilis*. É esta mesma curva inventiva, móvel e maleável, que permitirá resistir ao desencanto e à rudeza do mundo.

Aliás, foi uma cordialidade especial que alimentou este autêntico guia de viagem cuja textura é particularmente cuidada com as belas gravuras de Alex Cerveny, que põem a descoberto músculos e sonhos.

Ilda Mendes dos Santos [*]

---

[*]. *Maître de conférences* na Universidade de Paris III/Sorbonne Nova. Especialista em literatura de viagens e em literatura e cultura portuguesa e brasileira. É autora de *La découverte du Brésil. Les premiers témoignages (1500-1549)* e *Un aventurier anglais au Brésil. Les tribulations d'Anthony Knivet (1591)*.

Apresentação

Essas reflexões são fruto da inadvertência: nada preme-
ditadas, formaram-se à margem de uma viagem que só
tinha finalidade turística. Ninguém é perfeito e, nos dias
de hoje, é praticamente impossível escapar a essa tran-
sumância gregária e organizada, senão frustrando todas
as falsas facilidades que se esforçam em nos propor e,
principalmente, tendo o cuidado de caminhar longe dos
inevitáveis "circuitos". Num país quinze vezes maior do
que a França, ou seja, de oito milhões e meio de quilômetros quadrados (quase a metade do continente sul-
americano), isso ainda não é um desafio...

Em *Viagem ao Fim da Noite,* de Céline, pode-se ler
esta inteligente reflexão sobre o *exílio*:

Essa inexorável observação da existência tal como acontece
verdadeiramente durante algumas horas lúcidas, excepcionais na
trama do tempo humano, quando os hábitos do país precedente
nos abandonam sem que os outros, os novos, nos tenham suficientemente embrutecido.

Assim, é nesse intervalo entre o Brasil, que acabo de deixar, e a França, a qual ainda não me readaptei totalmente, que vejo as coisas com mais acuidade. Eu me apresso então em consignar observações, anedotas, traços que são feitos de nada. No ano que vem, sem dúvida, voltarei à "terra dos papagaios" onde verificarei essas primeiras impressões. Enquanto espero, posso examinar esses relatos, retomar guias honestos, abrir obras ditas de "referência", medir os prós e os contras; sombras farão surgir as luzes, pontos de interrogação ficarão em suspenso. Duvido que essa documentação arrefecida me aproxime mais da verdade do que a ingenuidade do primeiro contato.

O conde Hermann von Keyserling escreveu sobre esse método intuitivo, aplicado a uma cidade ou a todo um povo, uma página paradoxal, cuja pertinência experimentei mais de uma vez. Desculpando-se pela imperfeição de sua obra[1] que se apóia na intuição, "a única faculdade [escreve ele] que estabelece um contato imediato com a totalidade da vida", explica muito seriamente que se alongou demais em seu tema: "Demorei muito nos Estados Unidos, quatro meses inteiros. A intuição opera no instantâneo e uma experiência prolongada não aumenta o rendimento de seus processos". Com efeito, pode ser vantajoso não ficar muito apegado a um país para estar em condições de julgá-lo. Pode ser surpreendente que, indo ao Brasil, tenha-me sido suficiente abrir os olhos para escrever um relato. Como não escrever sobre um país que se apresentou com a abundância das coisas novas, a excitação da descoberta e finalmente a alegria de *reviver* conforme outros ritmos sociais? Não é

1. *Psychanalyse de l'Amérique,* Paris: Stock, 1930, p. 17.

necessariamente mais fácil escrever sobre nosso próprio país, onde vivemos anos suficientes, decerto, mas ligados à lassidão, à contradição, ao vaivém cotidiano e sobre o qual não sabemos mais nada. De fato, o conhecimento não progride com o tempo. Passa-se por cima das diferenças. Ajeitamo-nos um pouco com a vida. Mas não "situamos" mais. Essa lei fatal faz com que os que residem no Brasil e as pessoas bem próximas aos brasileiros não estejam mais em condições de manter uma visão exata em cujo centro um passante de olhos ingênuos possa, às vezes, colocar o dedo. É a justificativa dessas *suítes brasileiras* em que se juntam detalhes e idéias esparsas, em que persiste o desejo de tudo dizer e a impossibilidade, sabendo-se que os esquecimentos, fragmentos atrasados, elementos heterogêneos, pedaços de barbante e pedrinhas do caminho mesmo sem constituir uma totalidade em si, podem ao menos compor um *afresco* – seja este retocado mais de perto –, permitindo-me refazer essa viagem uma última vez, mentalmente, como quem volta para trás a fim de assegurar-se de que nada esqueceu antes de sair.

Cees Nooteboom, citando o filósofo e místico árabe do século XII Ibn al-Arabi ("A origem da existência é o movimento", "É preciso percorrer a Terra para praticar a meditação e se aproximar de Deus"), dizia que os livros são como os moinhos de orações dos tibetanos: o movimento precede o pensamento. O homem se mexe antes e cerca de palavras as coisas vistas, impede a fuga das emoções (Suíte I – Aqui e Agora), depois ele pensa, devaneia ou esclarece pela luz da imaginação (Suíte II – Brasiliana) e tenta construir uma moral da viagem (Suíte III – *Travelogue*).

Não esqueçamos que não digo nada de definitivo. Solto a língua que me fez avançar sua cenografia, onde se misturam às "coisas vistas" minhas leituras e meus sonhos. Uma única coisa é certa: um relato do tipo "mentir dizendo a verdade" aqui se elabora, no seio desses fragmentos, desses quadros em que uma *distância* não pára de falar, uma distância entre o que conhecemos e o que dizemos a respeito, entre o que dizemos e o que poderíamos ter dito. Distância sem esperança de ser preenchida, que é a própria essência da literatura e, misteriosamente, nos leva aos confins do mundo, mais longe do que as viagens.

SUÍTE BRASILEIRA I
AQUI E AGORA

Você se lembra? Estávamos em fileiras diferentes, longe um do outro, e o homenzinho tinha aceitado trocar de assento para você ficar ao meu lado, resolvendo gentilmente essa ínfima tragédia da separação. Um pouco tímido, ele havia esperado a cerimônia das bandejas de refeições e o sorriso morno das aeromoças para trocar algumas palavras. Francês, casado com uma brasileira, funcionário público – disse-me –, morava em Porto Alegre onde a vida era agradável e segura, ao contrário de São Paulo ou Rio, apressou-se também em dizer. Ele comentou o clima da Serra Gaúcha. Depois me confiou seu prazer de voltar "para casa" no Brasil, onde era feliz, pois na França sentia-se deslocado, ficava com saudades. Originário de Aix-en-Provence, acabava de ali passar dez dias por ocasião do casamento de sua afilhada. Tendo chegado ao Brasil como especialista em informática por conta de uma grande empresa francesa, havia "se desligado" com a chegada das novas tecnologias e converteu-se novamente em professor de francês. Havia alguns anos, trabalhava num hospital psiquiátrico junto aos familiares dos enfermos; eram pessoas simples, moralmente desamparadas e as quais era preciso preparar, apoiando quando do retorno do paciente ao lar. Com um resto de sotaque meridional, tinha voz doce e olhar direto. Alguma coisa de indizivelmente modesto e benevolente emanava de sua pessoa. Ele não tinha muito contato com seus compatriotas, "substituídos pelo pessoal do lugar". Os antigos alunos haviam-se tornado seus verdadeiros e únicos amigos. Ele abreviou discretamente a conversa para ficar mais à vontade, pois as luzes baixavam para a projeção de algum vídeo amavelmente idiota. A noite passou. Depois da aterrissagem, quando deixávamos nossos assentos, ele desculpou-se pelo cheiro de sua transpiração "que poderia ter-me incomodado", depois se despediu. Nós o seguimos nos corredores do aeroporto, frágil silhueta levando uma mochila nas costas, logo depois desviou e desapareceu na vaga de passageiros em trânsito.

Sobrevoando a terra brasileira, uma estranha sensação de vazio dá a dimensão "continental" do país. Sobre imensas extensões verdes ou verde acinzentado, poucas habitações, poucas estradas, caminhos de terra ocre avermelhado. Aqui e acolá, zonas de culturas: campos de sulcos circulares formando belas espirais pousadas sobre colinas; às vezes duas espirais se encontram como para formar dois bojos de um sutiã gigante. Não foi o pintor Di Cavalcanti que sugeriu que o Brasil é uma mulher e que suas linhas são curvas?

As estradas são largas e bonitas... nos mapas. Experimentadas no asfalto e pela suspensão do carro, são bastante ruins: muitas vezes deformadas e cheias de crateras (resultado da erosão pelas chuvas), nos obrigam a dirigir com prudência, com um pé sempre alerta no freio e os olhos grudados no solo (adeus paisagens!), sem passar do razoável limite de oitenta quilômetros por hora. A apreensão do espaço mostra-se diferente e as viagens parecem intermináveis; aliás, é costume calcular-se os deslocamentos mais em tempo/horas do que por distância.

O pedestre é majoritário no Brasil e sua presença é lembrada por numerosas lombadas quando da travessia das cidadezinhas: ou vai ou racha. É o código de trânsito sensível à coluna vertebral, e é ainda mais malicioso – ou enganoso – porque uma sinalização amadorística previne, deixa de prevenir de repente ou previne bem em cima do obstáculo!

Nos trópicos, a Lua fica, estranhamente, no zênite (acima da cabeça). No final do ciclo, é uma silhueta deitada na horizontal, perdida no céu de safira, como uma barca solar do Egito Antigo.

As noites sem lua têm milhões de estrelas, pois sob essas latitudes, as constelações do sul e do norte estão encavaladas, como se os pólos se dessem as mãos por cima do Equador. Tudo se inclina, as estrelas familiares de nossas latitudes não estão mais em seus lugares: a Estrela Polar escapa para o horizonte norte.

Na Bahia, sobre a varanda da pousada, quando auscultávamos os céus para ver a Cruz do Sul, vimos algumas belas estrelas cadentes. Desejos. Coisas que fazem o coração bater.

Como observaram vários viajantes, as metrópoles brasileiras não têm centro (ou melhor, o centro está em toda parte e a periferia não está em parte alguma), e deslocar-se nelas fica um pouco dificultoso. Sobretudo porque o passante, apesar de uma boa vontade a toda prova, raramente tem o sentido de orientação e suas indicações são geralmente aproximativas ("É por ali" – diz-se com um braço vagamente levantado). Segundo os historiadores, em decorrência da ditadura dos territórios rurais durante o período colonial, as cidades tiveram um crescimento lento, precário e relativo; desenvolveram-se de maneira anárquica, com ruas e casas se distribuindo aleatoriamente. Assim, no Rio, uma construção de estilo Liberty, toda "merengue e creme", ladeia outra com arquitetura de Niemeyer, e a esta sucede uma moradia em estilo colonial, de modo que o conjunto forma uma seqüência tão pouco lógica quanto a de certas colagens surrealistas. Sérgio Buarque de Hollanda atribui essa falta de coerência urbanística a uma atitude mais profunda de aversão congênita por qualquer forma de organização impessoal da existência; uma aversão que nenhuma vontade de dominação corrigia nos portugueses, dados os meios reduzidos de que dispunham enquanto "pequena" nação. Especificidade brasileira oposta à colonização ibérica, consumada pela fúria centralizadora, codificadora, uniformizadora de Castilha, que se exercia até no traçado rigorosamente geométrico das cidades americanas (Lima, Cidade do México) em torno de uma praça central – centros de povoamento de onde partia a colonização.

São Paulo não tem limites. Não é comprimida, como o Rio, entre o mar e a montanha; faz parte de um vasto

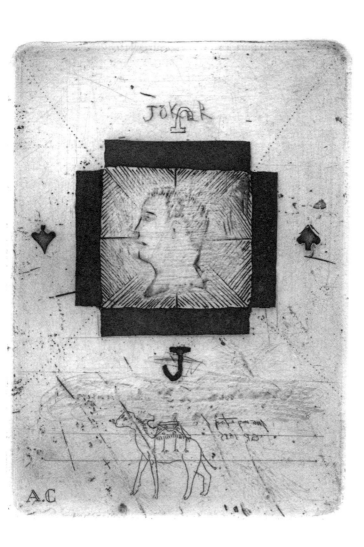

planalto. O gado e o café do interior foram sempre expandidos, fazendo dela uma cidade rica, sem coração, enorme. O milagre econômico do poder dos militares à base de construções de vidro e de concreto, de estradas e viadutos, deram-lhe o último toque de brutalidade: engarrafamentos, poluição, estresse, violência. Os roubos, assaltos e assassinatos são moeda corrente e os privilegiados, para se deslocar, adotaram o helicóptero – mais rápido e seguro. Daí esse recorde mundial: nada menos que trezentas plataformas de aterrissagem se encontram alocadas nas coberturas dos prédios – em Nova York são apenas três.

Assim, a chegada a essa megalópole de dezoito milhões de habitantes oferece a visão de um inferno de outro tipo, a demonstração atrozmente feia do desejo fútil de se tornar uma nação industrial, uma nação como aquelas dos mestres sem alma no norte do Equador.

Em geral, no centro das cidades, os estabelecimentos oficiais e sobretudo os monumentos históricos asseguram ordinariamente a função direcional e a captação do olhar. Em São Paulo, a impossibilidade de circunscrever um centro histórico – pois o que assim se chama (ao menos nos guias) não é apenas uma lembrança – faz com que a cidade em si mesma não seja mais do que uma imensa periferia em que a verticalidade uniformiza os edifícios, muito planos e muito insípidos para fornecer a mínima pista ao motorista que tenta se orientar. Nesse espaço um pouco sem núcleo, qualquer trajeto consiste em ir de *nowhere* a *nowhere* e é objeto, com os motoristas de táxi, de discussões hipotéticas, comparações para avaliar o melhor percurso possível. As soluções ao problema são múltiplas e a escolha vai se fixar no itinerário que levar em conta o melhor tempo, a situação do trânsito, a experiência do motorista etc. No entanto, a partir de certa densidade crítica nos engarrafamentos, o comportamento racional não conta mais: ir por acaso para seu objetivo é tão eficaz quanto fazer um percurso calculado. São Paulo faz parte dessas cidades como Nápoles, onde a desordem absoluta dá os mesmos resultados que a mais completa ordem. Ela é como uma luva do avesso, suas margens invadiram o espaço urbano na totalidade, apagando a habitual oposição centro/periferia. O centro, aliás, se tornou caduco, pereceu, já que significa antes de tudo engarrafamentos e ausência de estacionamentos, perda de tempo e redução do espaço. São Paulo aparece então como uma extensão sem direção nem dimensão, pois como dizer o que distingue a altura da largura, onde tudo se apresenta sobre um único plano vertical como uma espécie de muro contínuo e cinzento de concreto? Assim, não é ilógico ver proliferar ali, como erva daninha, essas imensas insígnias sobre as fachadas ou nas varandas de arranha-céus, algumas tomando a forma de objetos da moda (telefone celular), de néons com letras multicolores e de arabescos fluorescentes, gigantescas fotografias publicitárias oscilando entre o *glamour hard* e o erótico *soft*, painéis eletrônicos gigantes em que piscam mensagens, logos e imagens, toda essa iconografia repetindo que, seguramente, não há vida além das telas. Como se essa artilharia de sinais tentasse naturalizar um sentimento constante de desorientação. E fica ainda mais visível, chocante, porque ultrapassa uma paisagem insossa e fria. Aqui e ali, o mar de concreto faz emergir ilhotas de abundância visual. A vida dos sentidos, reprimida por uma arquitetura deliberadamente átona em razão da rentabilidade, condensa-se então de maneira recompensadora no "céu" dos painéis eletrônicos. Semáforos na noite hostil, o cartaz, a insígnia, o painel (mas também pode muito bem ser uma torre de televisão, o bloco maciço de um centro hospitalar etc.) oferecem ao urbano perdido um vetor quase protetor, mostrando-lhe por onde pode se basear. Pois forçosamente o paulistano ali se encontra; e ele, com o tempo, soube criar e traçar, nesse reino urbano sem lugar nem direção, vias familiares. Na opinião de seus próprios habitantes, São Paulo seria a justaposição de células estanques que cada um percorre ignorando os outros. Basta ser uma vez obrigado a sair de seu itinerário habitual e projetado numa célula contígua para ver-se num completo desvario.

Clarice Lispector disse que Brasília era uma prisão ao ar livre: nenhum lugar para onde fugir que não fosse na própria cidade. No entanto, não há cidade que se pareça mais com uma prisão do que São Paulo. Ali, por causa da violência, todo mundo vive atrás das grades, das guaritas vigiadas dia e noite por guardas e das porteiras monitoradas por câmeras. Mesmo se as pessoas dos bairros residenciais fingem acreditar que nada vai lhes acontecer, não saem muito de suas casas. As ruas têm uma atmosfera de tristeza que apenas uma plêiade de ofícios vem alegrar: o vendedor de gás que se anuncia tocando *Pour Elise*, o amolador, o empalhador de cadeiras, o fruteiro ou o vendedor de pamonha e milho verde, sorvetes, balões, catadores de jornais e papelão puxando uma pesada carroça, vendedores de móveis de vime. Todos gritando e urrando, com o apoio de alto-falantes. Eles são pobres, a rua é deles. São livres.

Toda cidade importante do Brasil deve ter seus *shopping centers* baseados no modelo norte-americano. Alguns são de um raro luxo, como o de Higienópolis, bairro chique de São Paulo. O que surpreende nas lojas distribuídas em torno de imensos pátios servidos por elevadores é a quantidade de empregados – quase sempre jovens –, que se empenham em incessantes tarefas de manutenção e arrumação da mercadoria. Os clientes, sempre em número inferior ao pessoal que ali trabalha, são literalmente tomados de assalto pelo primeiro vendedor. Enquanto estes lhe desembrulham toda a mercadoria disponível, ameaçando ainda ir buscar nos estoques o hipotético modelo com que sonha, um vendedor de cargo inferior se aplica discretamente em arrumar os artigos não satisfatórios. Ao deixar a loja, o caos provocado pelo cliente, com suas exigências e hesitações, já desapareceu.

Estamos andando pelo bairro do Jardins, onde se encontram os comércios e restaurantes "chiques" de São Paulo. Também algumas galerias de arte renomadas. Nas calçadas, há mais seguranças do que passantes. Entramos numa loja do estilo "Natureza e Saúde". Um jovem executivo, vestido de terno e gravata, aciona sobre o crânio meio careca um objeto japonês (palitos compridos e flexíveis unidos num feixe e munidos nas extremidades de uma bola de metal polido para massagear, graças ao movimento lento, o couro cabeludo). Ao lado dele, um outro faz a mesma coisa, com o mesmo objeto e um ar perplexo porque está usando… um gorro peruano, muito *in*. Nada de vendedor na entrada, os raros clientes passeiam e mexem em tudo. No fundo da loja, há uma espécie de canto onde duas cadeiras relaxantes esperam para sessões de massagens.

Onde foram parar os bichos-preguiça do Jardim da Luz? O crepúsculo já chegou (no inverno o sol se põe já às dezoito horas), sentados na varanda da cafeteria da Pinacoteca do Estado de São Paulo, em vão tentamos vê-los nos grandes eucaliptos do Jardim da Luz. Num galho alto, observo uma forma imóvel que parece ser um destes *Bradypus tridactylus*. Pedimos confirmação ao garçom: *pássaro ou preguiça?* Ele não vê absolutamente nada, mas não ousa nos decepcionar. Acho até que ignora a existência do bicho-preguiça como espécie-referência do Brasil. A fresca e o escuro nos fazem ir embora. Estou decepcionado. Só me resta inventar o lamento do unau (este é um outro nome do bicho-preguiça, junto com o "ai" que diríamos ter sido expressamente escolhido para reduzir ao extremo o esforço daquele que quer pronunciá-lo):

Ó pobres humanos tão apressados
Venham aprender comigo,
Criatura do nirvana perdida no país do samba
A sabedoria que está na posse do Imóvel.

No Brasil, a classe média burguesa goza de um modo de vida que define a mais alta sociedade nos países onde a renda é mais eqüitativamente distribuída. Como os empregados domésticos saem mais barato do que os aparelhos elétricos, pode-se ter uma faxineira e uma cozinheira, uma babá para as crianças, uma costureira, um chofer em tempo integral ou meio período, bem como um jardineiro. Isso sem falar dos empregados circunstanciais:

manicure, barbeiro, cabeleireiro, florista que entrega em domicílio. O trabalho da dona de casa consiste assim em dar ordens às empregadas – freqüentemente nordestinas ou mineiras –, zelar para que elas não negligenciem escandalosamente o serviço, não tagarelem com o jardineiro no alpendre, demiti-las umas após as outras se são sujas ou preguiçosas. O resto do tempo passarão comprando roupas na Daslu, Huis Clos, organizando viagens ao exterior, jogando tênis e, depois da partida, reunindo-se com as amigas para um almoço de fofocas no jardim do clube agradavelmente ensombrado por guarda-sóis, vestidas com roupas extravagantes o bastante para mostrar braços ou pernas delicadamente bronzeados. Podem ocupar-se de obras de caridade, fazer parte do comitê de direção de alguns museus ou pululantes fundações culturais. Isso é o que enaltece a imagem na alta sociedade, onde todos os valores estáveis se desintegram, onde se zomba de tudo o que é sagrado e a avidez corrói tudo por dentro, minando companhias, empresas inteiras que afundam repentinamente, devoradas pela inflação galopante e a espiral infernal do dólar. Enquanto poderosos cabides políticos e financeiros vendem o futuro do país aos bancos internacionais e gastam dinheiro em benefício próprio.

O grã-fino. Concebem-se geralmente as viagens como inscritas no espaço. Como observou Lévi-Strauss, uma viagem se inscreve simultaneamente no espaço, no tempo e nas hierarquias sociais. É também um itinerário de um lado ao outro de uma sociedade que não deixa de ser rica de ensinamentos. Assim é com a elite paulistana: o grã-fino, "a flor da nata".

Se existe uma nobreza, é mais de filiação dos antigos colonos portugueses do que coisa de títulos: "Quatrocentos anos de São Paulo", as pessoas declaram, apresentando-se[1]. Todas as ocupações, gostos, esquisitices sujeitas à jurisdição da civilização contemporânea se encontram em alguns exemplares, às vezes um único. O que faz da sociedade um pequeno microcosmo onde todos se conhecem, se vigiam, se invejam, se medem, se julgam. Sendo forte a seleção num meio surpreendentemente restrito para uma megalópole de tal porte, alguns papéis são considerados como um brio extraordinário, em conseqüência da fortuna herdada, do charme inato e de uma certa "astúcia" adquirida com a prática do "jeitinho brasileiro" (mistura tipicamente brasileira de malícia e ginga). O que não impede que se assista a fulminantes assaltos de modéstia: o presidente de uma empresa, que durante o dia repreendeu três diretores, fica encantado em ser repreendido pelo escritor local sobre a neologia joyciana em Guimarães Rosa. O crítico literário que aterroriza metade de São Paulo com suas imposições recebe uma lição de Dow Jones com uma humildade de noviço. A eminência não é demarcada em nenhum lugar e as conversas são leves, freqüentemente brilhantes, às vezes amavelmente fúteis, todos estando de acordo, principalmente, em não deixar pairar sombra milenarista do sentido e dos fins derradeiros (universitários carrancudos que se abstenham). Pode-se ter uma opinião pessoal; sem que isso seja, como na França – onde a paixão pela harmonia é exacerbada – considerado como incômodo, mal colocado, inconveniente.

1. Citação de Jean Grenier em *Lexique*, Montpellier: Fata Morgana, 1981.

Auden dizia que o segredo de cada classe é seu código de conversação polida: como se deve comportar quando se fala com estrangeiros ou chatos. Enfim, ao registro do bem viver brasileiro, juntaremos a onipresença do atraso: é quase o caso de desculpar-se por ser pontual. Quando se é convidado às nove horas, deve-se chegar às dez e meia. Só os estrangeiros, que ignoram esses costumes, chegam na hora e irritam todo mundo.

A necessidade que exige que todos os papéis sejam ocupados, para jogar o grande jogo da civilização, leva também a algumas extravagâncias, ou até a paradoxos que podem chocar nossa concepção geométrica da verossimilhança. Vê-se numa festa de aniversário de sua "jovem" esposa o dono da casa receber com a mais extrema cortesia todas as suas ex-mulheres que, casadas novamente ou "acompanhadas", vão conversar juntas da maneira mais amigável. O anfitrião, vestido por um bom alfaiate londrino, mostrará sob uma tela concretista seu apoio ao PT com fervor e naturalidade. Sendo a mobilidade social bem mais intensa do que na Europa, é possível realizá-la pelo casamento ou concubinato com um namorado(a). Aliás, dá-se pouca importância ao fato de se ser casado ou não: considera-se marido ou mulher de alguém não depois de celebrada uma cerimônia oficial e solene, mas quando os corações se mostram unidos. Divórcios, famílias recompostas e retornos aos concubinatos são vividos sem as crispações e olhares moralistas que se conhecem na Europa. Por outro lado, as separações de cônjuges próximos das bodas de prata em prol de Lolitas de correntinhas de tornozelos e peitinhos firmes, mesmo se socialmente toleradas, suscitam, à parte, invejas e maledicências.

As ocupações são menos compartimentadas do que na França, pode-se às vezes ser um hábil homem de negócios e um colecionador de arte de grande reputação e internacionalmente consultado. Se as relações com os meios empresariais e políticos são facilitadas pela habilidade de uns e a busca por reconhecimento de outros na sociedade dita "cultivada", os acasos de uma crise econômica quase crônica, combinados com um liberalismo empresarial sem excesso de encargos, contribuem muito para a fusão das camadas sociais. Acontece que em uma ou duas gerações pode-se passar de uma extremidade à outra na escala de condições: o imigrante que chegou nos sombrios anos de 1930, depois de rapidamente ter feito fortuna, poderia ver um de seus filhos se tornar um cardiologista de renome e sua neta uma crítica de arte das mais estimadas nos meios da criação contemporânea. As diferenças sociais não são apenas de uma geração para outra: numa mesma família, dois irmãos de casamentos diferentes podem, após o divórcio de seus pais, conhecer divergências e destinos dignos dos roteiros de telenovela: um vai à universidade de limusine blindada e passa as férias em Miami, enquanto o outro vive da mísera esmola que lhe concede um pai milionário, e economiza bilhetes de ônibus.

Esse panorama não ficaria completo se não evocássemos dois traços brasileiro-paulistanos. O jantar bufê: os convivas se sentam ao redor de uma mesma mesa, mas as travessas ficam dispostas num console e todo mundo se levanta para se servir. Grande mobilidade permitindo ao anfitrião ver o máximo de convidados em torno do bufê e evitando a conversa prolongada com seu vizinho de mesa. O "pipi-*room* vitrine" é um vasto banheiro exclusivamente reservado aos convidados, luxuoso (telas de grandes mestres, velas, perfumes, toalhas bordadas etc.) ou escandalosamente decorado (mármore, douraduras, espelhos etc.), passagem mundana obrigatória que permite ostentar o status e a posição social.

Assim vai a classe rica e dominante, com essa arte da igualdade de tratamento que faz o fundo da civilização, sobrevivendo na pior desordem econômica sem se desesperar por sua situação, pois aprendeu a viver com indolência e filosofia nesse "apocalipse lento" que se tornou o mundo sul-americano.

Esta noite tem festa no Clube Hebreu. Christina V. recebe convidados para seu aniversário. A riquíssima proprietária de uma das mais belas coleções de arte no Brasil convidou os grã-finos.

No portal, os seguranças filtram os quase seiscentos eleitos convidados para essa recepção. Velas estão dispostas ao longo da alameda que leva à entrada do clube. Ali, agentes equipados de telefones celulares e de *walkie-talkies* verificam os crachás em que está escrito um número de mesa. No imenso salão de mil metros quadrados, uma floresta amazônica foi reconstituída ao natural, com árvores gigantes e arbustos nos quais pássaros voam em liberdade. Essa decoração é obra de Felisberto Vicente, diretor artístico e cenógrafo de renome. Dezenas de holofotes clareiam, no chão, bosques entre os quais circulam trilhas gramadas, plantadas com flores. Ao centro desse "paraíso verde", uma passarela foi colocada perto de uma pista de dança. Tocam *Strangers in the Nigth*. Num parque encerado deslizam dançarinos, homens e mulheres de todas as idades em *smokings* e vestidos de seda preta. Outras silhuetas percorrem as alamedas ou se reúnem em torno de mesas redondas ornadas de *ficus* onde se penduraram frutas. Em volta da pista de dança foi disposta uma dezena de bares. Serve-se champanha à vontade. Para os jovens, garçons fantasiados de malabaristas fazem números. Um pouco à parte, grandes mesas são consagradas às comidas de diversa procedência, com suas bebidas correspondentes: *smörgasbord* com arengues defumados, salmão defumado e caviar em baldes de gelo acompanhado de vodca... cozinha italiana e *Chianti*, japonesa e saquê, e assim por diante... as últimas mesas são reservadas a sobremesas exóticas com decorações sofisticadas.

Ao pé da orquestra ficam os convidados da estirpe de Christina V.: a fina flor da *high life* paulista. Roupas em alpaca e *smokings* da Cerrutti. Ao lado das roupas Miyake, do chique sóbrio vestido pelos "Quatrocentões de São Paulo", estão ninfas *glam'rock* de Dolce y Gabana tiradas das páginas de *Caras*, revista *people*... No entanto, nenhuma pode rivalizar com a elegância distinta (havia pensado em algo herdado, nobreza "de berço" como se diz) da anfitriã: cabelos puxados por um pente, capa longa de veludo púrpuro que deixa entrever uma jóia de diamantes sobre um pulôver preto de gola alta.

Essa mulher é uma instituição, um *board* inteiro. Contra a fatalidade das heranças – e a sua é imensa –, ela não desdenha o que a torna lúdica como esta festa. E os grã-finos lhe são agradecidos.

Perambular por uma feira brasileira é reviver, de olhos arregalados, o puro êxtase dos imigrantes italianos ou poloneses do início do século passado diante da pro-

fusão inaudita de uma verdadeira "terra da Cocanha" – manga, banana (uma dúzia de variedades diferentes), laranja Bahia, mexerica (de casca curiosamente rugosa), abacaxi, melão verde, melancia, goiaba, maracujá. E o mesmo tanto de frutas tropicais, de gosto e nomes de sonoridade exóticos: umbu, cajá, jabuticaba, caju, carambola, pitanga, mangaba, acerola. Algumas espécies tipicamente brasileiras merecem uma menção, tanto pelo aspecto quanto pelo sabor: fruta do conde (uma fruta em forma de pequena alcachofra cheia de caroços no meio de um extraordinário creme com gosto de pêra), graviola (fruta grande de uma polpa doce e aromática, cuja casca é cheia de pontas), mamão (grande fruta globulosa e carnuda, saborosa, que se come madura) que designamos, na França, respectivamente *corossol, papaye* ou *sapotille.* Nos cruzamentos das ruas de Ipanema e Copacabana, os vendedores de bebida oferecem uma escolha de cento e cinqüenta sucos (todos frescos, claro), cujas misturas supervitaminadas e explosivas despertam o mais indolente dos cariocas.

"... aquele que imagina provar as delícias desse melão dos trópicos que é o papaia, descobre um gosto adocicado e repugnante de vômito"[2].

Nunca perdoarei Mário Praz por essa falta (deficiência) gustativa e por essa injustiça contra a mais deliciosa excitação gustativa já provada.

O turismo, e particularmente um turismo interno mais recente, contribuiu para o florescimento de mercados e feiras de artesanato na maioria das grandes cidades bra-

---

2.   Mário Praz, *Le monde que j'ai vu,* Paris: Julliard, 1988.

sileiras. Passeamos por eles regularmente à procura de objetos indígenas e muitas vezes ficamos decepcionados, por constatar que os produtos à venda não conservam um estilo puro como no passado, mas são cada vez mais grosseiros e feios, provenientes de cooperativas fabricando em massa para um "mercado" bem definido. Assim, na Bahia procuramos penosamente no mercado central uma figa que não fosse de pacotilha. Chama-se figa um antigo talismã de origem mediterrânea em forma de antebraço terminado por um punho fechado, mas cujo polegar emerge entre as falanges dos demais dedos. Trata-se, de acordo com os conhecedores, de uma figuração simbólica do coito. As verdadeiras figas se apresentam sob a forma de penduricalhos de ébano ou de prata; infelizmente, grandes como bibelôs, elas são mais freqüentemente esculpidas e pintadas de cores vivas. Às vezes o *kitsch* é tão exagerado que se avizinha da obra de arte. Na feira que fica ao longo do mar, em Fortaleza, ficamos felizes em encontrar um inventário de objetos de teor erótico em estilo *kitsch* particularmente cômico: um pênis indígena transformado em abridor de latas, recipiente para mate em forma de seio, pequeno caixão cuja tampa se levanta pela ereção do pênis de um morto vivo etc.

O continente se impõe. A impressão de enormidade é própria da América, quer estejamos nos subúrbios do Rio ou no quadragésimo primeiro andar da torre do edifício Itália de São Paulo, quer estejamos nas ruas de Nova York ou nos arredores de Chicago; sente-se a enormidade em todo lugar, nas cidades como no campo; eu a senti na Costa Verde diante da imensidão da Serra do Mar e no alto da barragem de Itaipu, às margens do rio Paraná. Em todo lugar somos tomados pelo mesmo choque: de onde provém a sensação de desorientação? Simplesmente do fato de a relação entre o tamanho do homem e o das coisas ter-se distendido a tal ponto que a medida comum foi excluída. Quando se está um pouco familiarizado com esse continente opera-se quase inconscientemente essa acomodação que restabelece uma relação normal entre os termos. Mas essa desmesura congênita dos dois mundos penetra e deforma-nos os julgamentos. Para mim, os que declaram que São Paulo é feia são vítimas de uma ilusão. Sua beleza selvagem não nasce de sua natureza urbana, pois objetivamente é uma cidade, mas o espetáculo que propõe à sensibilidade européia é de uma outra ordem de grandeza, uma escala mais vasta para a qual não temos equivalente. Especialmente para nós, franceses, que fomos formados no sentido da medida, da ponderação e da temperança. Se renunciamos à obstinação em nossas sacrossantas idéias claras e distintas, então torna-se inevitável para nosso olhar a transposição da cidade ao nível de uma paisagem artificial, onde os princípios do urbanismo não mais importam, tampouco as referências temporais. Somente a estética do caos pode nos ajudar a apreender esse monstro. O que choca o olhar europeu não é a novidade, mas a precocidade das devastações do tempo. O Novo Mundo é sempre novo, tanto que vestígios sucedem vestígios sem que o tempo traga uma valorização. Assim que um bairro é edificado, às pressas – portanto mal na maioria das vezes –, o ciclo da degradação começa: as fachadas se descascam, a chuva e a poluição deixam manchas e sulcos, o estilo cai de moda, a ordem primitiva desaparece sob um novo frenesi de demolições. Acotovelado a uma das janelas da Pinacoteca, revejo o bairro do Jardim da Luz em seu labirinto de imóveis em construção-demolição encimados por um emaranhado de antenas, chapas metálicas e cartazes publicitários dominando (seria melhor, talvez, se sobrepondo às ruas?) as ruas, onde se precipitam torrentes gritantes de carros Aqui e ali entrepostos construídos em tijolos entrecortados por ruelas com suas lojinhas de portas de garagem escancaradas. Nos cruzamentos, uma multidão heteróclita as quais se misturam a opulência de jovens executivos (pode-se usar aqui *yuppies*) inseparáveis de seus celulares e a indigência dos vendedores de pipas, espanadores de pó, móveis de vime. E depois, em meio a todo esse frenesi, como um velho dinossauro esquecido, a Estação da Luz com sua surreal arquitetura vitoriana, ao lado do jardim de mesmo nome, ensombrado e fresco como um oásis. Não, São Paulo nunca me pareceu feia, mas indomável, delirante e profética como o cenário de um filme-catástrofe e ébria de movimento, atarefada, ofegante... Finalmente, o que fascina mais nessa cidade, tão irritante para nossos hábitos de temperança, é essa surpreendente capacidade de fazer misturas, mestiçagens entre o primitivismo e a modernidade, ligando o que nós separamos. Blaise Cendrars, loucamente apaixonado pelo Brasil, escrevia: "A civilização e a barbárie não contrastam mas se misturam, se conjugam, se desposam de uma maneira ativa e perturbadora". Nessa turbulência, essa efervescência cuja razão não distinguimos claramente – uma espécie de condição natural –, mistura complexa de doçura e violência, de vida pública e de vida privada, de razão e afetividade, de individualismo e de clãs, há uma ordem sutil que nos conduz necessariamente – se quisermos compreendê-la – a afinar nossa sensibilidade e nossa inteligência. Talvez essa cidade impossível tente nos dizer que, para merecê-la, bastaria nos despojarmos de algumas tradições, mitos, categorias, imagens, símbolos, referências identitárias "franco-francesas" que se conjugam, às vezes, como tantos pesos, rigores, desconfianças deste lado de cá do Atlântico. Então, descomplexados, desinibidos, ampliados – e quem sabe convertidos? – uma história de amor poderia nascer...

Enquanto progredimos a duras penas nos engarrafamentos para chegar ao aeroporto de Guarulhos, onde nos espera um vôo doméstico, São Paulo nos oferece uma última visão apocalíptica digna de um filme de Fellini. O chofer, muito plácido, nos assinala que o tráfego está "embananado": estamos "embananados". Situação ainda mais burlesca porque o nome da estrada é Ayrton Senna. À nossa volta desfila uma paisagem indefinível de favelas, galpões industriais abandonados, de *shopping centers* e motéis com luminosos vermelhos ou *kitsch* com nomes maliciosamente evocativos em inglês ou, como manda a tradição, em francês (My Love, Sex Motel, Plumes, Château, Elle et Lui). De vicinais a acostamentos, o carro chega finalmente à zona aeroportuária. O chofer, sempre com verve, explica-nos que estamos na região de Cumbica, nome que em tupi-guarani significa "névoa baixa", pois ali a névoa estagnou-se permanentemente. Ideal para um aeroporto! – acrescenta ele com um sorriso. Nós contornamos as pistas quando de repente a estrada penetra em centenas de metros numa fila dupla de bambus gigantes cujos cumes vão se juntando muito alto, à maneira de uma abóbada gótica. A luz filtrada, esverdeada, refrescante, me traz à lembrança aquela história surpreendente contada por Gilles Lapouge quando de uma visita a Campinas, cidade situada a cem quilômetros a oeste de São Paulo, e que possui uma alameda idêntica sob a sombra de magníficos bambus gigantes. A história, de tão comovente, merece ser citada inteiramente:

Interroguei os habitantes de Campinas. Soube que essa catedral vegetal é uma história de amor. Ela foi plantada no início do século por um fazendeiro muito rico, um coronel do café, presumo. Esse homem tinha uma filha atingida por uma terrível desgraça: uma doença chamada melanismo ou melanodermia, não sei mais. Se essa criança se expusesse ao sol, morreria. O senhor tão rico e sua mulher organizaram então aquela formidável alameda de bambus, que cresceu ao mesmo tempo que a menina e a salvou. Sob os belos bambus, as empregadas acalentaram a pequena doente. Um pouco mais tarde, instrutores vieram ensiná-la e como os bambus começavam a crescer, a menina podia até receber suas amigas para jantarzinhos, e quando tinha dezesseis anos, os bambus estavam tão altos que ela pôde andar a cavalo em sua ilha verde.

Ela viveu muito tempo. Andava nos reflexos, as luzes polidas de seu campo verde. Morreu há alguns anos. Teria ficado desenganada? Ninguém soube informar. As pessoas que haviam ouvido falar dessa moça nunca a viram.

Essa mulher morava no mesmo mundo que o nosso, mas num canto, numa solidão e numa ilusão desse mundo ao qual ninguém tinha acesso, exceto a família ou algumas amigas que o tempo levara. Às vezes, no silêncio do começo da tarde, escutava-se o galope do cavalo. Era a menina, a invisível menina talvez feliz ou não[3].

Rio. No céu planam urubus, grandes pássaros negros que traçam em silêncio longos arabescos acima das praias. Do alto do Pão de Açúcar são confundidos com o balé dos

---

3.   Gilles Lapouge, *Besoin de mirages*, Paris: Editions du Seuil, 1999.

aviões que pousam "no mar" em Santos Dumont. *Planar.* Mais abaixo, desde as sete horas da manhã, os surfistas se agitam na crista de ondas que arrebentam. *Deslizar.* Atrás os arranha-céus à beira-mar, as avenidas são autódromos onde táxis e ônibus rivalizam numa corrida perpétua. *Rodar.*

Tudo no Rio está conforme o diagnóstico de Michel Serres, segundo o qual entramos numa civilização do "deslize" e com menos rugosidade. O homem desabrocha na valorização daquilo que escoa. Tudo plana, tudo roda, tudo desliza. Circulação generalizada num mundo tornado fluido, fluente, onde tudo flutua. Escoamento máximo, coeficiente de tração Cx mínimo.

O que diz a grande onda de Copacabana. A grande onda de Copacabana está para o Rio como a espuma está para a champanha. Seu barulho rosa, na qual todas as freqüências são confundidas, nos lembra o caos primordial. A brancura de sua espuma oriunda da neutralização do espectro das cores anuncia o fim das cores raciais e o triunfo universal da abstração maquinista. Alfa e ômega.

A praia brasileira é um espetáculo terrestre luminoso, ensolarado, atmosférico, natal. Nosso corpo se esparrama, se dilata. Calor, cheiros, cores, matérias afetam a alma de uma descoberta que repete a do mundo quando de seu nascimento. Um acordo que não foi negociado recria a origem em nós. *Natura* é mãe. Na Europa, o litoral é sempre uma borrasca cinza em perpétuo movimento que nos rejeita. Alguma coisa de "inestruturável" na violência incansável do mar e dos meteoros impede o abandono dos corpos. Impossível adicionar-se. *Natura* é madrasta.

Cocotas e garotas. Retomando a palavra de Queneau, pode-se dizer que as mulheres cariocas "são tão bonitas de bunda quanto de cara". Elas souberam levar a uma glória jamais atingida os seus atributos calipígeos. Particularmente inspirados por essa parte do corpo (nádegas), os brasileiros tiraram daí uma forma de onomatopéia – *bumbum* –, evocando o som produzido pelo zabumba (tambor de origem africana) e destinado a exprimir suas variações...

Diz-se que Ipanema destronou Copacabana nos desfiles de tecidos minúsculos. Mas nada de seios de fora. Mal visto, esse gesto caracterizava outrora as escravas. Como observava Henri Michaux em *Um Bárbaro na Ásia*: "[...] o nu se faz muito dificilmente, é uma técnica da alma. Não basta tirar as roupas. É preciso livrar-se da canalhice... e do embaraço".

No ano passado, numa praia de Fortaleza, fui surpreendido pelo gesto de uma bela Lolita que, saindo da água, jogara com pudor sobre si uma saída de banho ligeiramente transparente como para esconder o esplendor de suas formas no espelho parabólico da concupiscência. Jean Baudrillard, fino observador, disse tudo: "Os brasileiros(as) têm uma maneira de estar mais nus do que nós, pois eles estão nus por dentro. Nós apenas tiramos a roupa".

O vendedor de discos do Rio nos explica (num perfeito francês) que só vende música brasileira, e nos descreve seus diferentes gêneros. Vendo que conhecemos, aconselha-nos algumas gravações "que são a última palavra em qualidade". De repente, um americano que sai da loja se dirige a mim com voz alta: "This shop is so good for Brazilian Jazz. It's terrific! I recommend" (Esta loja é excelente para o Jazz Brasileiro. Demais! Eu recomendo). O vendedor nos olha com um sorriso nos lábios: "Ele escutou música brasileira até dizer chega". Depois, retirando-se, declara: "Preciso sair, fiquem à vontade, escutem quantos discos quiserem, meu filho está aí para ajudá-los. Até logo". Ele nos aperta a mão calorosamente. A loja se chama Toca do Vinícius (de Moraes). "É a gente mais gentil!"[4].

No refeitório situado no terraço do 23º andar do hotel, ao qual descemos regularmente no Rio, são tocadas incansavelmente as mesmas árias de Jobim. Não se tem a mínima sensação de cansaço. Seria efeito da harmonia entre o panorama grandioso sobre a baía de Ipanema e o ritmo balançado da bossa-nova? Ou o gênio próprio do compositor que torna essa música intemporal? Seria preciso ouvir "Desafinado" no metrô de Paris, para sentir isso.

Aqui o esplendor incomparável da natureza é estragado pelo ambiente pueril onde os adultos percorrem a largas passadas de maiô: barriguinhas lisas, pele dourada, rebolados de vovós dândis; e onde o ano inteiro se passa construindo o brinquedo, logo quebrado, do carnaval.

4. Martim Afonso de Souza, *Tratado Descritivo do Brasil*, 1531.

O crime, o vício, os sem-teto, a indigência são crônicos. A polícia fica sobrecarregada de trabalho, o exército dos pobres a exaspera e seus salários são constantemente devorados pela inflação. Como todas as polícias do mundo, foi corroída pela proximidade da corrupção. Submersa pela propensão ao crime, à desordem, pela erosão das proibições religiosas, ela abandona nas favelas a luta ativa contra os traficantes de droga. Uma sociedade paralela, sem lei, prospera e a guerra civil lavrada se estabelece em seu toque de recolher nos bairros mais miseráveis. Impotente, o governo anuncia as mais extravagantes medidas: um balão teleguiado (blindado contra balas – ele deve, anunciam, estourar três dias após o impacto), munido de um equipamento sofisticado de câmeras de vigilância, vai estacionar acima das favelas...

De costas para o Parque Nacional da Tijuca, o Jardim Botânico do Rio oferece, entre as mais de cinco mil variedades de plantas, uma coleção de espécies gigantes única no mundo: altaneiras e perfeitas palmeiras reais que desdobram sua sombra a trinta metros acima de nossas cabeças, bambus fantásticos – *guadua superba* – passando pelas vitórias-régias, espécie amazônica de nenúfares gigantes sobre os quais uma criança boiaria, tal como Moisés. À nossa frente um esquilo minúsculo, caxinguelê, circula em liberdade nesse reino de Gulliver. Ele hesita entre o jenipapo, que dá um licor perfumado, e a jabuticabeira, cuja fruta preta cresce no próprio tronco. Opta enfim pelo abricó de macaco, coberto de raminhos. Essas bizarrias botânicas de nomes desconcertantes teriam por origem o jardim Gabrielle. Conta-se que o capitão Luís de Abreu, feito prisioneiro pelos franceses e trancado na Ilha Maurício, teria fugido levando consigo plantas e grãos que ofereceu ao rei D. João VI, e este mandou plantá-los no jardim real. Saindo, D. Pedro II, o liberal e meigo imperador-filósofo, de sobrecasaca, saúda-nos diante da grade monumental.

Museu de Arte Moderna do Rio, salas de pinturas brasileiras. Olhamos com um tédio mal dissimulado as medíocres paisagens de Pernambuco ou as vistas do Rio de artistas locais cujas produções quase não ultrapassam um nível saborosamente artesanal. Toda essa pintura "retiniana", ao mesmo tempo aplicada e desajeitada, deliciosamente evocando paisagens desaparecidas, exala a doce melodia das coisas mortas. O olhar se encontra então ironicamente consolado pela vista que abrange, de cada janela do museu, a imensa baía e seus perfis fantásticos da cadeia dos Órgãos. Repentinamente a pintura se encontra desqualificada pela luz fluida e colorida que, de fora, inunda a atmosfera. Jamais o esplendor do mundo haveria, tão irrecusavelmente rebaixado, o gesto pictural a suas insuficiências, a sua inata vacuidade.

Rio, noite lá fora, jantar num clube chique na Urca. Beleza das favelas que se transformam em constelações de luzes multicolores, e escorrem dos morros para o mar como um diadema colocado sobre a cidade. Unidade sideral que se procuraria em vão durante o dia, emblema de inversões com as quais não se cessa de brincar aqui: é a miséria diurna que produz a maior beleza noturna, como se a injustiça social pudesse ser compensada, mesmo "esteticamente".

Num imenso *hall* do aeroporto internacional Antônio Carlos Jobim[5] (Galeão) no Rio, um grupo nos intriga: no meio dos *shorts* e maletas, dominicanos, dois freis e uma irmã, vestidos de branco, perambulam à espera de seu avião. Um dos padres, trazendo a tiracolo uma espécie de bolsa de pano de flores muito *hippie*, segura contra si, cuidadosamente, num gesto quase maternal, uma grande estátua coroada da Virgem Maria. Nós os abordamos e pedimos timidamente a permissão de fotografá-los. Eles aceitam com alegria e propõem em troca fotografar-nos ao lado da Virgem. Perdidos na decoração neo-moderna à Jacques Tati, esses olhares irradiam docemente sua bondade.

País surreal. "Vários lugares são célebres por seus contrastes. Em nenhum caso, esses contrastes atingem a nota estridente do Rio que, graças a eles, é a cidade mais surreal do mundo".

"[...] Espetáculos semelhantes pertencendo a um mundo que foi tão nosso outrora, à sombra do arranha-céu que surge um pouco em todo lugar no Brasil, acabaram por confirmar a impressão experimentada desde minha chegada, ou seja, de que este é o país mais surreal do mundo"[6].

Recomendações do locatário de carros no Rio: "Não parem em descampados, não peçam nunca informações de direção a desconhecidos. Só nos postos de gasolina".

5. Ironia do destino, o novo aeroporto do Rio leva o nome daquele que compôs o "Samba do Avião" para conjurar seu terror de avião.
6. Mário Praz, op. cit., p.138 e 161.

Do Rio a São Paulo, a rota "turística" serpenteia ao longo da costa Atlântica, para o sudeste. À esquerda, desfilam cidadezinhas de pescadores, de tetos de telha vermelha, velhas refinarias de açúcar, os engenhos, às vezes um complexo da Petrobrás, cuja feiúra vem insultar as palmeiras de cabeça inclinada, as praias brancas que surgem abaixo, depois de uma curva, brilhantes como lâminas sob o sol, afiadas pelo abrasão rítmico do mar azul, lá, tão lindo entre as ilhas, as baías, os cabos. À direita, perfilam-se confusamente os domos rochosos cobertos de verde, o que resta da floresta primitiva[7]. Às vezes, esses pedaços de granito se transformam em montanhas, a cabeça ficando escondida entre as nuvens. Pensa-se então que Fraz Post[8] tinha uma memória fiel, quando, retornando à Holanda, colocava toda a sua arte para transportar numa tela as magníficas cores da natureza "selvagem" (em sua acepção etimológica, *silvaticus* de silva, selva), esses verdes excessivamente vivos e profundos dos maciços de palmeiras.

Parati. Passeamos nessa antiga cidade colonial mais atentos às enormes pedras irregulares (chamadas pé-de-moleque) do que às fachadas rosas, verde amêndoa, amarelo palha decoradas por varandas de ferro talhado com motivos franco-mações De repente, uma música estrondosa invade o espaço. Procuramos a bodega ou

---

7. Em 1500, a Mata Atlântica cobria 20% do território brasileiro; só subsistem 5%. Nela se encontra o maior número de espécies vegetais do planeta: a maioria hoje ameaçada.
8. 1612-1680. Um dos seis pintores que Maurice de Nassau tinha a seu serviço no Brasil entre 1637 e 1644.

barraca responsável por tamanho barulho. Nada. Os passantes continuam aplicados a seus afazeres. Chegando à praça da igreja, damo-nos conta de que um alto-falante disposto no alto da torre do sino difunde essa Ave Maria melosa e gritante. Reverberada nas fachadas, a voz do padre interrompe a música para anunciar a missa, depois entoa um "Salve Rainha", sem graça… As portas das igrejas estão escancaradas. Entramos.

Assistimos a uma pregação interativa: o padre interpela os fiéis, cita os Evangelhos, questiona, manda levantar a mão. Ele entoa em seguida um cântico, uma pequena orquestra o acompanha, a assembléia bate palmas e entra no embalo. O padre parece feliz com o ambiente, ele se volta para o fundo do coro e lança (em francês): "Então Padre, você canta conosco?". Sentado ao lado das crianças do coro, um velho padre francês balança timidamente a cabeça grisalha, com ar incomodado, embaraçado, sem dúvida por esse fervor bastante (demais) tropical. Esse catolicismo convivial explica-se em grande parte pelo caráter intimista que pode revestir no Brasil a devoção. Mais religiosidade do que religião, é um culto amável, quase fraterno, que não cabe bem no cerimonial e suprime as distâncias. Diz-se que mesmo a ponta do Vaticano, se se instalasse no Brasil, não resistiria à irreverência local e que em alguns dias o papa teria um apelido de camarada.

Na ponta extrema de Salvador, na Bahia, um pequeno cabo sobre o qual se ergue o forte Santo Antônio da Barra abriga o farol, assim como um pequeno museu náutico. O pôr do sol sobre a baía de Todos os Santos e a ilha de Itaparica é inexpugnável: o domingo das famílias, casais e turistas afluem para assistir a um crepúsculo de grande classe. Enquanto nos misturamos na multidão desses observadores silenciosos, fico pensando que o sentido da natureza é uma aquisição muito recente do homem ocidental e que o índio, o "nativo" que vivia aqui no ano 1500, não devia ter nenhuma atração por esses jogos de luzes no leste e oeste, os quais lhe anunciavam simplesmente cada manhã e cada anoitecer, que o sol retorna ou que se vai, o que traz uma série de gestos, mas não fornecia nenhum alimento à sua imaginação. Etnólogos observaram que os índios não têm nenhuma atração perceptível pelas flores; de todo modo, não tiram delas nenhum partido para seus enfeites.

Vozes e um reboliço na multidão vieram me tirar dessas reflexões: dois policiais saltavam embaixo, no rochedo, perseguindo um trombadinha que, ao que parece, aproveitava do *raptus* contemplativo oferecido por essa "grande lixívia do crepúsculo"(Rimbaud) para operar furtivamente.

Mother Africa. Não é o rumor do trânsito que ritma Salvador, mas o bater incessante dos tambores que, de quando em quando e onde quer que se esteja, marca as horas. Depois que atravessamos o Pelourinho, essa pulsação, repentinamente mais presente, nos guiou para a sala de ensaio do grupo Olodum. Ali, no primeiro andar de uma antiga residência colonial, quinze percussionistas endiabrados faziam dançar cinqüenta corpos eletrizados ao ritmo do atabaque (tambor africano). Num ambiente superaquecido, apimentado pelo cheiro de suor, os rostos hesitando entre furor dionisíaco e terror místico, os dançarinos, em frente à orquestra, avançavam por ondas sucessivas, como imantados pela energia radiante das percussões. Batemos em retirada, aturdidos por essa orgia sonora que se escuta com o esterno.

O que quer que a marcha do tempo venha a fazer em Salvador, haverá sempre essa parte mágica da Mãe África em que se encontram, como dizia Stefan Zweig em *Brasil, País do Futuro*, "sob a fina camada de civilização européia moderna, os antigos chamados do sangue, os traços misteriosos de uma necessidade de êxtase e de exteriorização, de que ninguém pode escapar completamente".

Brasília. "É o lugar onde o espaço mais se parece com o tempo"[9].

Plano abstrato que os arquitetos puseram num vazio sem resistência. Sentimento de desolação: seu quadrilátero vazio, seu falso lago, seus turbilhões de poeira vermelha, levantando-se dos imensos terraplenos centrais onde se deixou morrer a grama. Asfalto e concreto demais. Como se o urbanismo quisesse envolver num lençol protetor os milhões de anos de promiscuidade do homem com a água, a lama, a vegetação, a poeira. A cidade parece ter sido jogada numa bacia quente e vasta do planalto como um ovo numa frigideira.

No perímetro dessa cidade matemática onde se sente que um samba não pode nascer, nasceu uma outra cidade, imprevista. Uma cidade de faroeste, humana e suja, miserável e cheia de vida, com suas reverberações, seus ônibus, suas mães de família, trombadinhas. Enfim, um repouso benfeitor para os aventureiros e para o olhar do visitante, uma cidade perfeita!

9. Clarice Lispector, *A Descoberta do Mundo,* Rio de Janeiro: Rocco, 1999.

Todas as letras da palavra *kitsch* estão no nome do presidente Juscelino Kubitschek, dito "JK". Coincidência ou predestinação quando se visita o memorial construído em Brasília em sua homenagem por Niemeyer (e que foi inaugurado pelo general que o havia mandado prender no início da ditadura...). No interior, mistura de nave espacial do tipo Kubrick e de cripta soviética, reconstituiu-se a biblioteca do antigo presidente (uma foto o mostra apertando a mão do outro "JK"), o escritório-sala de sua esposa (estilo *show room* de mobiliário alemão dos anos de 1960). O túmulo do homem de Estado, ao centro de um vasto espaço mergulhado numa semi-obscuridade, é cercado de um pomposo cenário que hesita entre o mau gosto mórbido e o culto da personalidade stalinista. Encontram-se assim, sob o vidro, os mais heteróclitos objetos, indo das roupas ao aparato de gala do casal presidencial, passando por várias decorações e distinções honoríficas recebidas, até os óculos e caneta. Para minha grande surpresa, descubro sob uma vitrine as chaves de minha querida cidade de Châtellerault (escrito "Chatelraut") dadas ao presidente quando de uma visita à época de seu exílio na França. Numa fotografia representando Kubitschek na varanda da prefeitura, eu reconheço um edil, farmacêutico em seu Estado e amigo de nossa família! Saímos do memorial por uma longa rampa que desemboca num sarcófago de concreto: atrás de um vidro, o enorme Ford Galaxy[10] presidencial, um pouco descorado, espera na eternidade.

As más línguas dizem que à guisa de memorial, Kubitschek legou ao país Brasília e também... a inflação.

10. O mesmo carro com que ele e seu chofer se mataram em 1976?

Formando uma espécie de "cerca de honra" diante da entrada de nosso hotel, os estudantes usando camisetas com as cores do partido que está no poder agitam bandeiras. As eleições presidenciais estão muito próximas e a propaganda chega ao auge na capital. Os grupos de "cabos eleitorais" são jornalistas pagos a dez reais (três euros) por dia, cada um, para fazer campanha. O espetáculo evoca mais uma quermesse folclórica do que política.

De nosso observatório, o salão-bar do hotel, vemos afundar a fina flor dos apadrinhados políticos locais: sorrisos eleitoreiros e perfis midiáticos lustrados dos políticos, maxilares cerrados de bajuladores, presteza servil dos jornalistas que seguram os microfones... algumas moças alegres (secretárias, colaboradoras, amantes?) acompanham essa comitiva, deixando flutuar à superfície dessa farsa o mistério de seus sorrisos mudos.

"A visita à Brasília pode inspirar reações diversas: belo, feio, bom, ruim... mas não pode deixar indiferente. A arquitetura, para mim, é isso" – dizia Oscar Niemeyer. Decerto, ele é o homem que inscreveu no concreto o encontro entre uma vontade do governo (Juscelino Kubitschek), que aspirava a um Brasil rico e igualitário, e um estilo arquitetônico verdadeiramente inédito. No entanto, o comunista que projetava as igrejas não deixou apenas obras-primas (a capela ao lado do palácio presidencial parece mais um mictório do que um lugar de devoção) e a força de um ideal político não é garantia de sucesso na arquitetura. Menos ainda no domínio da escultura, em que a vontade de dissertar se reduz invariavelmente a símbolos toscos e ingênuos. Disso há provas em

São Paulo, na esplanada do Memorial da América Latina (1987), essa obra concebida para reunir os povos contra o imperialismo: uma mão erguida para o céu – coberta de uma ostensiva marca na forma do continente americano sangrando – deveria "homenagear as lutas pela libertação dos povos". Em Manaus, num bairro popular, um dedo indicador erguido em concreto sai do chão: representa "O dedo do destino mostrando o infinito da história [sic]". O monumento, degradado, está sendo reformado. Mas o que pode a restauração diante da feiúra quando esta fala a língua do concreto?

Brasília. Na praça dos Três Poderes, desesperado por não ter nada que se pudesse fotografar, entendo que ali estou pelo "amor do céu". Para o céu imenso de Brasília, "The Big Sky" – diriam os americanos –, céu cuja doçura caída sabe-se lá de onde parece quase nos fazer esquecer a terra. Era então essa a finalidade da viagem? Seu oriente? A imensidão, simplesmente. Imantada pela visão nostálgica dessas nuvens de altitude ao mesmo tempo tão longe e tão perto, suspensas na vastidão de um céu original que parece ter sido pintado por Dalí ou Tanguy, entrevistas outrora em algum documentário e que me acenavam. O que havíamos esquecido não nos esquece. Sonhar, viajar, têm por base um *sous-venir* que não cessa, que persiste em sobrevir ao seio de tudo. Já que no mundo falta espaço, a dimensão é a atração dos turistas que nos tornamos. Só a Sibéria, a Antártida e o Saara podem rivalizar com a imensidão brasileira, mas o clima naqueles lugares é desastroso. É por isso que o governo brasileiro, em sua sabedoria, construiu Brasília e cravou suas florestas virgens de estradas...

Itaipu. Uma das sete maravilhas do mundo[11], a barragem de Itaipu no rio Paraná, em seu gigantismo, sua monstruosidade prometéica, é a imagem emblemática desse sonho louco dos militares em criar um grande Brasil. Eles tinham, claro, boa fé, mas com a ingenuidade dos construtores apressados acreditavam poder passar além das contradições do presente e impedir seu paroxismo. Para que entrar em detalhes muito previsíveis dessa epopéia sacrificial que visa a fundar sobre a escravidão e a fome de milhões de homens um novo império mundial, coisa que de qualquer modo vai conseguir, pois tal é a lei do poder? Tudo está ali: riquezas naturais e barragens gigantes, a vontade de ferro de alguns homens e é tudo. A aceleração do tempo teve sobre a terra inteira um efeito de vertigem, mas é aqui no Brasil que se passa sem transição do faroeste ao arranha-céu, que os riscos são corridos com maior avidez e candura. Construir uma nação gigante não é necessariamente construir um povo. Constrói-se um povo *depois*, diziam os missionários dessa marcha forçada. Manter num só tempo uma vontade de poder e o ideal de pureza do mais absoluto início é eterno sacrilégio. Como se sabe, os resultados foram humana e socialmente desastrosos, ecologicamente catastróficos. Hoje, a chegada de um metalúrgico ao poder faz vibrar a esperança de sair de uma história bloqueada no seio de um mundo do final dos tempos.

11. Segundo o prospecto de apresentação da Central à disposição dos visitantes (1.500 visitantes por dia em média): dez anos de construção, primeira potência instalada no mundo com 12,6 milhões de KW, garantindo 89% da energia consumida no Paraguai e 25% da demanda do mercado brasileiro.

Paraná. O táxi recusou-se a nos levar ao Paraguai em razão dos problemas recentes e dos boatos de pilhagens; a fronteira havia sido fechada e depois reaberta. Primeiro reticente em nos levar até o posto da fronteira, finalmente acabou concordando. Ele nos esperaria num estacionamento na entrada da Ponte da Amizade, que faz as vezes de fronteira entre os dois países. A manhã mal começava e já havia longas filas de táxis duvidosos, carros degringolados, caminhonetes de todos os tipos; ônibus sobrecarregados de sacos, caixas, avançavam aos trancos segundo a boa vontade de uma polícia federal visivelmente saturada, tudo isso num ambiente de buzinas, freadas bruscas e estouros de escapamentos furados. Quando estávamos atravessando a ponte, sob uma chuva torrencial, um táxi veio ao nosso encontro, abriu a porta do lado do passageiro e nos fez um monte de gestos para nos incitar a entrar. Enfiamo-nos atrás: bancos afundados e engordurados, piso esburacado, enfim, um caco ambulante, ou antes, entupido, em fase terminal. Chegando a Ciudad del Este, entendemos que acabávamos de deixar um país incontestavelmente civilizado: diante de nós estalavam o caos e a miséria do terceiro mundo. Lama, barulho, promiscuidade de multidões eletrizadas pelos tráficos frutuosos, ou minadas em uma das mais importantes zonas francas da América Latina (álcool, droga, sexo e comércio de luxo). Haviam-nos indicado o *shopping center* reservado à clientela de turistas onde deveríamos fazer negócios miríficos. Entrada monumental, porém mais para fúnebre, pois uma falta de energia privava a cidade da eletricidade. Na penumbra, os empregados esperam placidamente os clientes, raros estes em razão dos acontecimentos. Térreo: toda a cosmética do mundo opulento, não falta uma só marca de perfume ou produtos de beleza. Subimos aos andares superiores à procura de peças de informática. De passagem, vemos desfilar as marcas mais insolentemente luxuosas do planeta, quase uma provocação num país à beira do abismo. Notei até uma fileira onde estavam expostos alguns pianos Steinway. Saberei mais tarde que essa cidade é a caverna de Ali Babá, onde a classe dos ricos brasileiros vem fazer suas compras. Não encontrando o que procurávamos, saímos. Indicaram-nos um outro lugar, especializado em informática, mais popular, certamente mais barato. Circulamos num dédalo de ruelas, passagens, corredores abarrotados de gente, agarrados às nossas bolsas, de olhos bem abertos, enfim, alguns *frissons* do turista médio. Atmosfera *Blade Runner*, versão sul. Entramos então no que é preciso chamar de templo do *high tech*: numa imensa galeria de quatro ou cinco andares de dezenas de lojas dedicadas à venda do que a Ásia pode oferecer de melhor em eletrônica e informática, especialmente em produtos para falsificação. Os carregadores tratam, nos corredores, de embalar caixas onde milhares de CDs virgens irão alimentar os pesadelos do senhor Gates e de um ou outro CEO de uma multinacional do disco. O que surpreende é o sussurro e o estalido dos adesivos em torno das dezenas de caixas que deixam essa colméia. Precisamos voltar, nosso chofer está esperando do outro lado da fronteira. Passamos novamente a ponte, a pé dessa vez, porque a chuva se acalmou, no meio de uma onda de sacoleiros, vendedores que alimentam com mercadorias do "último tipo" os grandes comerciantes brasileiros de Foz do Iguaçu. O táxi está ali, o homem cochila atrás do volante. Ele nos acolhe friamente, como se tivéssemos nos enfiado em algumas trapaças nada recomendáveis. Retorno à civilização.

Belo Horizonte. Voltamos de Pampulha, esse estranho conjunto arquitetônico, hoje bem decadente, construído em torno de um lago artificial durante os anos 40 sob a administração Kubitschek. Era noite, tínhamos apenas o tempo de parar para visitar a capela São Francisco de Assis. Parecendo-se mais com um galpão para aviões do que um lugar de culto, o edifício construído pelo comunista Niemeyer em 1943 foi objeto de vivas controvérsias (as autoridades eclesiásticas não a reconheceram até 1960): a fachada é em forma de foice e de martelo, provocação arquitetônica ao clérigo local e o campanário, em forma de prisma invertido, é separado da capela. No interior, as pias batismais são em forma de ponto de interrogação (outra provocação?) com esculturas interessantes em baixo relevo de Ceschiatti. Nos jardins desenhados por Burle Marx pode-se admirar sobre a fachada de trás do edifício um imenso afresco de azulejos de Portinari evocando cenas da vida do santo.

No microônibus que nos levava de volta ao centro de Belo Horizonte, nossa guia (sem nos confessar sua orientação religiosa) inflama-se contra os adeptos da New Tribes Mission, os fundamentalistas protestantes vindos dos Estados Unidos:

É terrível [comenta] eles estão cheios de dólares, aviões, salões para as missas "reality-show" com seus "pastores show" transmitidas em seus próprios canais. O breviário é absurdo: eles inventaram o dogma anti-evolucionista do "criacionismo científico" – para encorajar uma interpretação literal, arcaica e aberrante do Gênesis. É a teologia Las Vegas com catecismo ilustrado por Walt Disney.

Deixando Belo Horizonte para o interior de Minas Gerais, a estrada, larga e margeada de imensos eucaliptos, parece subir interminavelmente. Percorremos o campo cerrado, com sua sucessão de campos rompida por florestas baixas e suas terras avermelhadas pela seca. Há nessa paisagem rural, apesar da graça inclinada das palmeiras, uma melancolia, um peso estúpido que aperta o coração citadino. Um penoso efeito de repetição, como um homem que, só conhecendo algumas palavras, não pára de falar. Finalmente, as montanhas aparecem ao longe, perfilando seus cumes verdes escuro sobre um claro céu de inverno. Os relevos se sucedem, nós mergulhamos num vale para escalar uma brecha, vasta região pedregosa desprovida de vegetação, deserta e pouco amena. Só mais tarde soube que a região havia sido inteiramente desmatada para obter-se carvão necessário ao tratamento do ferro, pois esse metal se encontra em enormes quantidades em Minas Gerais.

Atravessamos algumas cidades empoeiradas, idênticas em seu abandono: a rua principal está afundada, margeada de cabanas miseráveis, lojinhas de chão de terra batida ocre, garagens onde uma população se agita com uma vivacidade surpreendente. Passamos Amarantina, depois Cachoeira do Campo, onde residia outrora o governador do Estado de Minas Rodrigo Silva. Ultrapassamos um caminhão quebrado. Sentado atrás do veículo, o motorista canta e toca violão. Ele espera um mecânico que virá à noite, amanhã ou talvez depois de amanhã? Pouco importa, ele não está com pressa, ele tem provisões e seu violão: come e dorme, está feliz. É um sábio.

Eis Ouro Preto, a cidade do "ouro negro" que foi outrora Vila Rica, com sua ponte de pedra. Atracada aos lados da montanha num anfiteatro de rochedos, a cidade dos faiscadores (pegadores de palhetas de ouro) é enfiada nas árvores e no verde. Suas ruelas pavimentadas, estreitas e tortuosas, sobem à praça Tiradentes e às igrejas que enfeitam as colinas. Suas casas vermelhas, ocre, azuis, amarelas de janelas trespassadas, se apertam umas contra as outras e os casarões (antigas residências) se orgulham de suas sacadas de ferro.

O que foi a cidade do ouro é hoje a cidade do barroco brasileiro, das fontes e das pontes, a cidade do passado: nada mudou aqui desde o século XVIII.

Três palavras resumem a história de Minas Gerais: ouro, diamantes e igrejas. O ouro e os diamantes desapareceram, mas as igrejas permanecem e mantêm intacto o ouro – incorporado em seus altares, suas capelas e ornamentos – que os mineradores lhes prodigalizaram à época de sua prosperidade. Para o europeu que desembarca no Brasil, as igrejas de Minas Gerais – e as outras do estilo barroco – surpreendem. Com efeito, a arte sacra ibérica sofreu influências particulares nas colônias: a Espanha combina linhas árabes com o estilo dos monumentos pré-colombianos; Portugal encontra no solo e no clima do Brasil elementos originais: é o ouro que sobrecarrega a ornamentação; é a pedra-sabão que permite polir figuras como peças de ourivesaria; é a exuberância caótica da floresta virgem que multiplica os motivos decorativos e exaspera-lhes o emaranhado. Assim nasce o ultrabarroco: simplicidade da linha e complicação do detalhe; sobriedade do exterior e sobrecarga do interior; freqüentemente ouro demais, brilho demais e muita encenação para nosso gosto. Os costumes e as tradições de Minas modificam por sua vez a arquitetura das igrejas desde o meio do século XVIII: as varandas desaparecem, pois não há castas no Brasil (os ricos e os pobres, os brancos e os negros rezam lado a lado); suprimem-se as laterais rebaixadas porque as procissões acontecem do lado de fora, na própria cidade: no clima tropical não se tem necessidade de deambulatório. E mais ainda: as igrejas de Minas se distinguem das outras por suas lacunas, por seus anacronismos, por suas adjunções imprevistas: aqui, um altar muito antigo é acrescido de esculturas mais recentes; alí uma ornamentação muito saliente ladeia nichos vazios que esperam seus santos há décadas. E se tal igreja foi aumentada de uma ala, outras não puderam ser terminadas por falta de dinheiro; esses edifícios inacabados, que estendem para o céu as suas meias paredes ou suas naves nem bem instaladas, são tristes como uma bela promessa não cumprida. É que as igrejas de Minas compartilharam a própria vida do povo; elas foram submetidas aos mesmos sobressaltos, às mesmas prosperidades, aos mesmos dramas. No palácio do governador, austero castelo dominando a praça Tiradentes, a espessura das prisões diz por si mesma a violência da história local, o verdadeiro furor coletivo que a sede de ouro acarretou. Algumas salas expõem mobiliário antigo e objetos religiosos, entre as quais esculturas de Aleijadinho[12]. Isso sem comparação com as imponentes estátuas dos profetas em colunas redondas com que ornou

12. Reputado como o maior escultor brasileiro, Antônio Francisco Lisboa (1738-1814), mais conhecido por "Aleijadinho", em razão de uma doença que lhe roeu os membros. Mulato, filho natural de um carpinteiro e de uma mulher negra, adquiriu no ateliê paterno vastos conhecimentos sobre todos os ofícios da construção (pois também era arquiteto) e os completou pelo estudo da talha, a escultura em madeira.

o terraço em escadaria de Bom Jesus de Matozinhos, em Congonhas do Campo (aproximadamente oitenta quilômetros de Ouro Preto), com sua feição nervosa e sugestiva, indumentária exótica dos personagens e principalmente sua surpreendente expressão de ardor e de serenidade. A maneira é mais contida do que a que vimos nas igrejas onde o realismo dos Cristos com seus olhos de ágata e sua cabeleira humana imputrescível perturba, incomoda.

Não esqueceremos da beleza das mesas de jacarandá de nosso hotel nem da lua imensa que, na última noite, elevou-se sobre a cidadezinha enovelada entre as montanhas, iluminando uma a uma suas igrejas que, como os comungantes, pareciam orar a Deus de joelhos.

Fordlândia, um inferno bem temperado. Um estranho destino feito de sofrimentos e violência parece se ligar ao destino da borracha brasileira. Na Amazônia, a hévea era "a árvore que chora" e, a borracha, "o sangue branco das florestas". Durante várias gerações, os autóctones tiraram o casco e moldaram pirogas e coberturas impermeáveis em látex. Cortez fora seduzido pelas balas ricochetadas com as quais brincavam os astecas e Colombo também viu o mesmo jogo entre os aruaques. Charles-Marie de La Condamine, que passou dois anos na floresta peruana para medir o comprimento de um arco meridiano (confirmando assim a teoria de Newton), descreveu duas árvores e seus usos: o quinquina e o *cahutchu*. Thomas Jefferson e Benjamin Franklin notaram que nada era igual a essa curiosa substância elástica para apagar a mina de chumbo. No Brasil, o rei de Portugal explorava já uma pequena indústria de fabricação de sapatos, de capas e bolsas de borracha. Todos esses artigos tinham, no entanto, um defeito. Quando fazia frio, a borracha se tornava quebradiça como a porcelana. E, num calor de verão, se transformava em lençóis viscosos. Foi preciso esperar 1839, data em que Charles Goodyear inventou, quase por acaso, a vulcanização – um processo que melhorava a resistência da borracha, preservando sua elasticidade. A borracha se tornou um produto-chave da era industrial.

Em 1908, a primeira Ford T sai das fábricas de Henry Ford. Quinze milhões de modelos T se seguirão, cada um exigindo seu tanto de borracha. Ora, a única fonte de abastecimento é a Amazônia. Em Londres e Nova York, tomados pela atração do lucro, os homens hesitam entre se tornarem caçadores de ouro em Klondike ou de borracha no Brasil. Em Pittsburgh, o magnata do aço Andrew Carnegie se desola: "Eu deveria ter escolhido a borracha". No Brasil, a pacífica cidade de Manaus se metamorfoseia em alguns anos numa cidade barulhenta de uma incrível opulência. Os barões do café trazem ali seus cavalos do campo para beber em baldes de dinheiro. Suas esposas, repugnadas com as águas lamacentas do Amazonas, mandam lavar seus lençóis em Portugal. Os tenores mais célebres do mundo vêm ao teatro (réplica, menor, da Ópera de Paris). Prostitutas vindas de Tanger e de São Petersburgo ganham até oito mil dólares por noite; elas são freqüentemente pagas com diademas e jóias. Em 1907, é em Manaus que o consumo de diamantes por habitante é o maior do mundo. Para obter lucro, os exploradores devem assegurar-se da exclusividade dos vastos territórios e precisam de uma miríade de trabalhadores, camponeses pobres submetidos a uma servidão atroz. O comércio da borracha espalhou no Amazonas um terror sem par desde a conquista espanhola. A população autóctone será salva *in extremis* pelo império britânico!

Com efeito, a hévea não se cultiva sob forma de plantação na Amazônia: se as árvores são muito próximas umas das outras, um parasita das folhas (o ferrugem) se instala e as destrói. Os seringais são então vastas extensões de floresta natural nas quais os coletores percorrem uma rota que liga todas as árvores entre si, o que dá um rendimento fraco por trabalhador. Ora, a partir de 1911, os grãos exportados ilegalmente para a Inglaterra ("roubados", segundo os brasileiros) são plantados na Malásia, onde a existência de uma estação seca marcada destrói o parasita das folhas. As plantações maciças então realizadas vão brutalmente fazer afundar o curso e toda a economia amazônica que dependia dela.

No entanto, depender de plantações situadas a mais de vinte mil quilômetros não convinha aos industriais americanos. Nos anos 1920, a borracha está em oitavo lugar nas importações dos Estados Unidos. Quebrar o monopólio asiático se torna então uma obsessão: Harvey Firestone tenta cultivar borracha na Libéria, Thomas Edison lista dezessete mil plantas de látex e dilapida sua fortuna na aventura. Mas o homem mais determinado é, incontestavelmente, Henry Ford, que garante a metade da produção automobilística no mundo. Em 1927, às custas de milhões, ele se lança num gigantesco canteiro em plena floresta brasileira; projeto que será batizado de Fordlândia. Seu objetivo: inundar a América do Sul com seus famosos Ford T. Ele obtém então um milhão de hectares do governo brasileiro às margens do rio Tapajós. Contrariamente à maioria dos rios da Amazônia, cujas águas são escuras e os pântanos impenetráveis, o rio Tapajós é límpido. Alguns golfinhos de água doce apontam em sua superfície, e suas margens são cheias de praias de areia branca. É ali que, em 1876, o inglês Henry Wickham havia colhido os grãos que iam dar origem à indústria asiática. E é igualmente nesse lugar, a doze horas de barco da cidade brasileira de Santarém, que Ford tenta realizar o seu sonho de "borracha americana". Numa concessão quatro vezes maior que a ilha do Príncipe Eduardo constrói uma cidade inteira: quilômetros de estrada e vias ferroviárias, um porto moderno, uma fábrica, escolas, um hospital, igrejas, centenas de pavilhões de tijolo e de gesso, piscinas, quadras de tênis e um campo de golfe. Devastam-se milhares de hectares. Os botânicos de Malaia (que hoje faz parte da Malásia) e das Índias holandesas trazem as plantas mais produtivas, fruto de cinqüenta anos de seleção e de engenho horticultor. Em 1934, um milhão e meio de árvores jovens de borracha crescem em Fordlândia. Nada falta, senão trabalhadores. Apesar dos salários duas a três vezes maior do que em outros lugares, os camponeses da região desdenham transformar-se em seringueiros: temem trocar sua existência rústica por tanto modernismo, e algumas regras *yankees* os preocupam, como a que proíbe o álcool nas plantações e, principalmente, a que os obriga a assinar uma autorização de autópsia em caso de morte. Essa cidade-usina empregará finalmente cinqüenta mil operários. Depois, repentinamente, quando a folhagem vai forrando aos poucos o solo, o parasita ataca. No final de um ano, a plantação está devastada. Ford ordena a seus agrônomos que recomecem numa escala ainda maior. Uma segunda concessão é ainda adquirida, uma outra cidade é construída. Novas terras são desmatadas, outras árvores são plantadas. Mas o resultado é o mesmo: árvores dizimadas, galhos nus, folhas escurecidas de ferrugem. Em 1945, Fordlândia fecha definitivamente. Mas sua verdadeira herança está alhures. Do desastre jorra uma hipótese. Com efeito, dos milhões de árvores plantadas, um punhado sobreviveu. Será que aquelas árvores tinham uma resistência inerente à doença? Para saber, os produtores de borracha americanos enviam botânicos a Fordlândia em 1943. Percorrem de piroga milhares de quilômetros de rios ainda desconhecidos, vivendo com os índios doentes, e suas tripulações às vezes levadas pelas corredeiras ou vencidos pela selva, os botânicos realizam o impossível. Não somente eles descobrirão árvores resistentes à ferrugem, mas vão também fazer novas culturas em Turrialva, uma estação experimental na Costa Rica.

Hoje não resta muita coisa do sonho de Ford: a floresta virgem fez reaver seus direitos sobre uma cidade, Boa Vista (a ex-Fordlândia), que não pára mais de agonizar. Alguns pavilhões rachados resistem tão bem quanto mal. Um punhado de famílias, esquecidas do mundo, tenta ainda viver num solo esgotado e de troncos nodosos de árvores poupadas. Fontanários que trazem a marca de um fabricante do Michigan dão ao lugar um aspecto insólito e nostálgico, cheio da esperança que acompanhou esse projeto demente e da imensa decepção que sobreveio.

Pode-se perguntar se as miragens suscitadas por essa falange capitalista não evocam as do "campo modelo" de Terezin na Boêmia (guardadas as devidas proporções, pois é preciso distinguir um campo de trabalho de um campo de concentração ou extermínio), sinistra ficção com a qual a propaganda nazista quis, em 1942, abusar da comunidade internacional.

Manaus. Quando se chega de avião vindo de São Paulo, um sopro quente da selva e do rio bate no rosto, impregnando o ar, colando as solas na pista de aterrissagem que se perde num horizonte de coqueiros. Além disso, distingue-se o encrespamento espesso da grande floresta. Estamos na Amazônia, o mais estranho mundo às "idéias claras e distintas". Pois é por demais embaraçoso distinguir aqui o que se chama alhures de imaginário e realidade, as mentiras da verdade. Nossas referências são aniquiladas, o sentido da medida é perdido, toda busca de ordem é quimérica.

O que surpreende primeiro é a intensidade das chuvas: em média três metros de água por ano, três vezes mais do que em Brest. Pontuais como relógios, as precipitações caem em grossos pingos de água, martelando os tetos, perfurando as folhas, esvaziando as ruas durante uns quinze minutos. Depois disso, lavada, a atmosfera nos mergulha de volta em sua umidade sem vento. Em seguida, é a imensidão dos rios e a intimidade estranha de seus ribeirinhos com tudo o que vem do rio-mar. O Amazonas é um dos cursos de água míticos do planeta. Com sua gigantesca bacia (equivalente a quinze vezes a França) e seus afluentes maiores, o Tapajós, o Negro e o Solimões, formam um mundo em si, contendo milhares de litros de água, de lendas e de histórias de homens atirados num dos pontos altos das aventuras do Novo Mundo.

Manaus, gigantesco porto tradicional, é o cruzamento da floresta amazônica. Aqui se encontra tudo, tudo se compra, tudo se troca. Tudo o que vêm da floresta, ou que vai para lá, passa por essa cidade, da gordura de tartaruga (boa para atenuar as rugas), peixes elétricos que se passam por peixes de aquário[13] até ervas medicinais. Pois o comércio de ervas é ali muito desenvolvido e os conhecedores do uso de cada planta, raiz, folha, seiva, explicam a presença de numerosos pesquisadores em farmacopéia. Essa cidade tentacular, célebre por seu teatro, símbolo da opulência da cidade à época da borracha, e onde Sarah Bernhardt veio atuar, é fascinante, até mesmo bela.

A viagem pelos ares é privilégio de alguns, a imensa maioria dos habitantes da região tem o rio como único meio de deslocamento. Ponto de partida da estrada Santarém-Belém para a foz do rio, encontram-se também numerosas linhas de lanchas para destinos que resvalam na aventura. O porto do centro é um cais interminável onde se amarram uma multidão de embarcações, de barcos-ônibus e de canoas-táxis; é a estação do tráfego regional, cujas linhas servem às localidades situadas a uma, duas ou três horas dali. O ambiente e as condições de viagem estão mais para a *Arca de Noé* do que para os *Caçadores da Arca Perdida*. Os passageiros se repartem em três pontes, segundo o tipo de bilhete comprado: redes nas duas primeiras, cabines na última, no mesmo nível da passarela do comandante. Os navios maiores, construções com três pontes, ancoram contra uma doca a duzentos metros; caminhões descarregam em seu paiol

---

13. Assiste-se, infelizmente, a um verdadeiro ataque aos peixes de aquário originário da Amazônia, dos quais vinte milhões desaparecem todo mês numa comercialização desenfreada para os Estados Unidos.

farinha de mandioca (a inevitável farofa da mesa local), arroz, açúcar, banana, tudo o que pode ser embarcado num porão. Aqui, em Manaus, sobe o poderoso perfume da aventura equatorial.

Quisemos experimentar o seu alcance com um passeio de barco pelos arredores de Manaus. Cinco horas de navegação cujo principal espetáculo se advinha: uma fronte uniforme da selva verde ensombra as duas margens a oito quilômetros de distância daqui, rompida de tempos em tempos pelo clarão de uma cidade. A Amazônia, sendo mais alta do que de costume, a vida se organiza diferentemente: tudo está sobre pilares, casas, igrejas, estábulos etc. Como estamos no período das cheias (42 metros), não teremos problemas de navegação. Passamos por grandes profundidades (20 metros), o cume de uma fileira de árvores emerge à flor da água. Em alguns meses, no período de estiagem, será uma imensa ilha cercada de areia branca. A água é tão tranqüila que se tem a impressão de navegar nas nuvens. No entanto, verdadeiras tempestades da dimensão desse rio-mar podem se desencadear: vento violento, chuva diluviana, ondas de mais de um metro. Nosso destino é a entrada de um igarapé (braço de água que aos milhares se enterram a centenas de quilômetros no fundo da floresta), onde devemos fazer nossa primeira escala para uma caminhada de três horas na floresta primitiva. No entrelaçamento indeciso da vegetação, a margem baixa vem morrer ao pé de algumas pobres barracas de pescadores que cercam o cais. Impressão de total isolamento. A selva ou mata – está ali em volta, em desespero, prestes a reconquistar o que lhe roubaram. Descobrindo-a, dizemos que aqui a natureza é curiosamente composta por pedaços autônomos, por mundos justapostos, que ignoram a mistura, a interpenetração, a aliança ou transição. Era o rio, é a floresta: um outro mundo e que rivaliza com o que o precede, por sua força, sua presença e sua realidade. Depois da liquidez espaçosa e lenta do rio, o universo opaco da floresta parece uma ultrapassagem que a experiência anterior podia anunciar. Penetramos num ambiente onde tudo é calafrio e mistério. Pode-se a cada passo sentir uma vida invisível: os gritos agudos e o mexer de invisíveis macacos aranhas, o som de trombeta do jacu. Uma vegetação luxuriante com árvores imensas[14], trepadeiras de folhas largas, uma multidão de palmeiras, o total cravado de cipós, revestido de musgo. Fica-se afogado e como que dissolvido na exuberância e na profusão, enrolado de verde a tal ponto que a floresta vira uma ficção, um cenário fantástico. Um olhar não habituado só vê um verde indiferenciado; com um pouco de atenção, e um esforço de acomodação, descobre-se na floresta mais monótona do mundo uma gama de nuanças, um pouco como na pintura de Soulages, em que todo mundo vê monocromático onde a pintura fez sutil policromia. Diz-se que os índios são tão enfastiados de verde que nunca o usam em seus ornamentos ou tatuagens. Francisco, nosso "eco-guia", um caboclo de jeito amigável, inicia-nos nos segredos das árvores amazônicas: as héveas marcadas por cicatrizes, os capoeiros gigantes, os jambo-rosa de frutos vermelhos e açucarados como balas

---

14. O herbário do Inpa em Manaus expõe ainda a maior folha do mundo (dois metros aproximadamente), assim como a maior semente da floresta amazônica (*Lodoicea maldivica*, 25 kg).

com que se deleitam os papagaios, o marajá utilizado na fabricação das flechas, o amapá cujo leite nutre as crianças, o jacareúba cujo casco parece a pele de um jacaré, o itaúba com o qual se constroem barcos. Palmeiras: o açaí que, numa noite, coagula para dar uma fruta com consistência de geléia, o babaçu cujo óleo é largamente empregado na preparação dos cosméticos, pois não engordura. Ele arranca um pouco do casco e nos faz cheirar um perfume forte de madeira. Sob a palmeira babaçu, Francisco nos mostra os caroços que caem no chão. No interior se esconde a larva branca de uma lucila, o tapuru. Ele abre o caroço em dois com um golpe de machadinha e nos mostra a larva, verme grande e branco, espiralado com dois olhinhos pretos. "Os índios são loucos por isso" – explica. "Ensina-se aos militares que patrulham a floresta a se nutrirem com ele". Paramos diante de uma árvore cuja base se divide em quatro raízes altas, formando uma espécie de caixa de ressonância de que os índios se servem para trocar mensagens. Francisco nos pede para não colher nem catar nada, não apenas por respeito à natureza, mas porque um perigo pode estar no chão (serpentes, aranhas, formigas venenosas etc.) e também no alto (certas cobras se jogam das árvores para surpreender suas presas). Alguns minutos depois, como para confirmar suas precauções, assistimos a um espetáculo impressionante: uma cobra enrolada engolindo um de seus congêneres. Não demoramos, ainda que o animal pareça mais preocupado com sua presa do que com nossa presença. Nossa escapada continua nessa densa tapeçaria cujo forro de galhos só deixa filtrar ínfimos raios de sol. A vegetação do solo é rara, andamos num escuro tapete de cascos endurecidos em seus grãos secos e folhas de palmeiras, com um cheiro adocicado de incenso e de podridão. A floresta se torna mais silenciosa, apenas o canto obstinado do capitão da mata, melro amazônico, é perturbado pelos tucanos que não são vistos, mas ouvidos ao longe, traídos pelo vôo (o grande bico os faz mergulhar para frente sem cessar e eles precisam de um vigoroso bater de asas para subir). Depois de três horas de marcha, nossas roupas estão ensopadas e o cansaço se faz sentir. O mínimo movimento faz suar: 38° e a taxa de umidade se aproxima dos 95%. A uniformidade dos lugares atravessados reforça no caminhante a idéia incômoda de que ele não se desloca, mas está girando em volta do mesmo ponto. Difícil escapar a esse receio primordial que invade qualquer passeante na floresta desconhecida. Felizmente, a margem onde nos espera nosso barco é avistada no cais, diante de uma cantina instalada numa palhoça. O almoço é servido em mesas compridas: peru, arroz, feijão vermelho e banana cozida, tudo salpicado de farofa. À beira d'água, somos libertados do calor extenuante que pesava como chumbo em cada um de nossos movimentos. Alguns, para se refrescar, contavam molhar os pés, mas depois de terem visto peixes vibrando ficaram precavidos.

O encontro das águas. A segunda parada nos conduziu ao famoso "encontro das águas". É o espetáculo mais insólito que já assisti: por trinta quilômetros, as águas escuras do rio Negro, tingidas pelas areais vulcânicas, desposam as águas amarelas e limonadas do Solimões sem se misturarem – por causa de uma diferença de velocidade, de densidade, de temperatura e de composição química. A margem norte é escura, a margem sul, barrenta. Depois dessa junção, o Solimões se torna Amazonas e prossegue seu curso durante 1.750 km até o Atlântico.

Embora o barco acompanhe esses dois mundos líquidos que se ignoram soberbamente, percebemos alguns botos, uma variedade de golfinho rosa endêmico do Amazonas. O boto deu origem à famosa lenda regional que faz dele o mais temido dos sedutores. Conta-se que, assim que a noite cai, o boto sai de seu rio e se transforma num jovem e atraente caboclo que só pensa em deslumbrar as beldades na margem. Mas a festa só dura uma noite, e o boto nunca mais volta. Dezenas de histórias incidentes enriquecem o núcleo dessa lenda, a ponto de se encontrar em todo lugar a figura do boto, de Manaus a Belém: na porta das casas, nas festas tradicionais ou pendurada na pulseira de uma beldade. Tomou-se mesmo o hábito irônico, lá, de chamar de *filhos do boto* as crianças de mães solteiras.

Voltamos em direção a um outro igarapé, onde quatro canoas nos esperam para nos levar à descoberta das famosas nenúfares gigantes, a vitória-régia. A decepção é grande: numa vegetação próxima, uma quinzena de vitórias, nada gigantes e muito estragadas – até podres –, murcham esperando o fim, sem dúvida precipitado pelos gazes que escapam e as ondas provocadas pelas rondas incessantes de pirogas motorizadas. Deploramos com nossos companheiros de passeio esse saque ao qual, claro, estamos contribuindo no momento em que um passarinho faz ouvir um risinho infantil. É o bem-te-vi, de peito amarelo, cujo grito alegre se ouve em todo o Brasil.

Regresso ao embarcadouro contíguo aos dois imensos galpões, onde se oferece, à cobiça do turista pouco exigente, tudo o que a produção local, dita artesanal, pode oferecer de feio e de desprezo inconsciente por si mesma. Os índios que fazem esse comércio da vergonha parecem profundamente indiferentes aos nossos olhares estupefatos. Não se sabe como interpretar o silêncio desse povo taciturno: sob a fleuma (apatia? tédio?) da impassibilidade do índio "pacificado" está incubada uma violência latente e o perigo de um recurso imprevisível à magia. Os condutores de piroga formam um pequeno grupo à parte; deitados em bancos, esperam a próxima turma de excursionistas, tomando cerveja; eles brincam, sem alterações de voz nem exuberância. São felizes? Deve-se acreditar nos argumentos de Montaigne? "Descarregados de qualquer paixão, pensamento e ocupação tensa e desagradável [...] voltam a suas terras, onde não têm falta de nada, nem mesmo dessa grande parte: de saber alegremente gozar de sua condição e dela contentar-se". Ou nos de Michaux? "Os índios, aqui mais do que em qualquer outro lugar, apesar de suas danças, bebedeiras, e dos tons vivos de seus trajes, não manifestam na fisionomia, nos gestos, nenhuma alegria[15]".

Nosso barco volta a Manaus sob um belo céu da tarde, uma claridade cremosa resplandecente ocupa o céu atravessado por grandes nuvens bochechudas. O tráfego fluvial começa a ficar denso, sinal de que se está chegando perto da cidade. Cruzamos um enorme

15. Henri Michaux, *Ecuador*, nouvelle édition revue et corrigée. Paris: Gallimard, 1968, p. 108.

porta *container*, depois um petroleiro vindo do Rio de Janeiro. Os navios de carga moderada chegam sem dificuldade até Manaus e mais longe ainda, ao Peru pelo Solimões, à Colômbia pelo rio Negro. Manaus, tendo sido eleita zona franca em 1960, as indústrias pululam: um complexo petroquímico exala pelo rio um cheiro nauseabundo. Sucedem-se silos, cimento, serraria, estaleiros de barcos regionais; enfim, uma boa zona industrial como deve ser. Depois da curta experiência do "inferno verde", impressão reconfortante de um retorno à civilização tecnológica. A cidade está há alguns quilômetros. Abaixo dos tetos, a cúpula do teatro, sarapintada com as cores nacionais, resplandece; ele continua a contar a lenda de uma cidade que sonhou ser a "Paris dos trópicos", uma curta estação de glória. As margens são habitadas e formam uma imensa favela ao longo dessa zona periodicamente inundada. Tudo sobre pilares: barracos de madeira e pontões de tábuas sobre as quais se apressam garotos de pele curtida, rivalizando na arte de mergulhar. É o jeitinho que prima aqui: galhos selvagens sobre os fios de eletricidade, nada de esgoto, mas "tudo no rio". Há enormes problemas de saúde como a dengue, a malária, e as eletrocutações são freqüentes. Não distante desses espaços muito pobres se encontra o pólo de pesquisa em eletrônica da zona franca. Manaus se orgulha de ter revitalizado sua economia, atraindo grandes marcas de eletrônica mundial (Sony, Philips). Ainda um desses fenômenos que fazem deste país um dos mais desiguais do mundo em termos de condições de vida e de salários. Mas graças a Deus eles têm antenas parabólicas e televisores abertos, portanto podem se informar como todo mundo...

São seis horas. Olhamos o sol acender incêndios no horizonte. O sol se põe com uma velocidade surpreendente no Equador. "Como um golpe de foice", escreve Julien Gracq em algum lugar. As águas mais escuras refletem os últimos raios do dia. No céu, as primeiras estrelas se acendem uma a uma. Eu nada pressentira, nada imaginara da imensidão amazônica antes de aqui chegar. Vim em busca de um rio, descubro um labirinto aquático e vegetal, ilhas, afluentes, pradarias inundadas, ribeirinhas do tamanho de lagos e lagos do tamanho de mares. Uma vida profusa e estranha. Compreende-se a loucura que tomou os primeiros viajantes europeus aqui chegados: a impaciência do espanhol Francisco de Orellana, que abandonou seu primo Gonzalo Pizarro quando da primeira descida do rio Amazonas dos Andes ao Atlântico em 1542; o furor de Lope de Aguirre, basco magnífico que se proclamou rei do Amazonas, depois de ter mandado executar o general espanhol Pedro de Ursua em 1560; a febre de Walter Raleigh, favorito da rainha Elizabeth I, que partiu em busca do fabuloso país do Eldorado ao nordeste do rio Negro, em 1617; os desejos mais loucos dos reis do látex que mandaram vir o mármore de Carrara, o cristal de Murano, a seda de Paris, o aço de Londres para construir um teatro em plena selva. Dessa grandeza, mistura de inteligência, perseverança e coragem (com uma boa dose de cupidez e de crueldade), o que sobra hoje? O que se tornaram os sonhos ardentes, as altas energias mentais e físicas dessa raça de descobridores e fundadores?

Besteirol turístico. Resposta de um casal em viagem de lua-de-mel no Rio a uma sugestão da churrascaria: "Somos vegetarianos porque respeitamos a vida!".

Originária da Amazônia, a "rainha das águas", vitória-régia, planta mítica dos Jardins de Inverno do século XIX, constitui uma curiosidade que permanece bastante rara nos braços mortos do Amazonas; essa planta surpreendente foi redescoberta em 1837 por Schomburgk, na Guiana Inglesa e dedicada à rainha Vitória. Duas espécies são catalogadas: *Victoria regia*, originária da Guiana e Brasil, e *Victoria cruziana*, originária da Argentina, Paraguai, Bolívia. Essa planta provocou um verdadeiro furor na segunda metade do século XX, particularmente na Grã-Bretanha. A primeira flor foi obtida na estufa, especialmente concebida para ela pelo Duque de Devonshire em Chastsworth, em 1849, sob a conduta do ilustre Joseph Paxton. A aventura de Vitória na Europa começava, ela iria revolucionar a arquitetura...

Joseph Paxton (1803-1865) era um horticultor "experimentador", já conhecido pela realização de várias estufas de formas e dimensões diferentes. Tendo constatado que um nenúfar vitória-régia podia suportar o peso de sua filha de sete anos, ele calculou que poderia suportar um peso de cem quilos sem sofrer deformação. Constatou que as nervuras rígidas que partem do centro da folha constituíam uma estrutura com anéis, que as ligam à margem externa e a impedem de ceder com o sobrepeso. De acordo com Paxton, era uma maravilha da "genialidade" natural, que podia ser transposta para a realização de estruturas destinadas a sustentar toneladas de vidro: as estufas. Convidado para a exposição universal de Londres em 1851, para elaborar uma construção cujo estilo se integrasse à arquitetura do Hyde Park, ele propôs uma enorme estufa de ferro e de vidro, cuja estrutura radial de nervuras imitava ao máximo a vitória-régia. Seu projeto foi aceito. Assim nasceu o Crystal Palace, construção em Ki (com elementos pré-fabricados e encaixados no lugar), com dimensões consideráveis (124 m por 563 m), abrangendo as molduras de madeira para vidros de 1,25 m de largura, grades de vigas metálicas, pilares de ferro fundido etc. Visível de longe, seu gigantismo e seu brilho simbolizavam o poder tecnológico e a renovação arquitetônica da Inglaterra. A audácia de sua concepção fez de Paxton o precursor de uma linhagem de construções que daria origem ao conceito contemporâneo de "arquitetura orgânica", no qual se distinguiram Guimard, Eiffel, Gaudí, Sullivan, Wright e muitos outros.

O norte do Brasil tem a cozinha mais influenciada pelas tradições indígenas. Do Pará a Rondônia, do Amazonas ao Tocantins, o viajante encontra em todo lugar essa cozinha oriunda da região, a saber, a grande floresta tropical e suas miríades de rios repletos de peixes – o mais rico ecossistema do planeta. As cheias anuais permitem que milhares de peixes venham se regalar na floresta inundada e ali prosperar. Recenseiam-se três mil espécies de peixes, entre as quais uma dezena é comestível e começa a chegar às mesas[16]: moqueados (peixes embalados nas folhas de árvores); caldeirada (de origem portuguesa), passando pelos peixes grelhados, assados ou fritos como o maravilhoso lombo de tambaqui com tucupi (molho de mandioca mais ou menos apimentado). É preciso assistir, no mercado de Manaus, à chegada dos pesqueiros, quando os barcos multicolores

16. O *slogan* dos restaurantes é "Coma peixe e viva mais".

vindos com a maré descarregam a pesca: é um verdadeiro choque cultural para o olhar habituado aos balcões europeus organizados. Aqui tudo muda, as formas, os tamanhos, as cores: o grande tambaqui de flancos dourados, o pirapema com suas escamas largas, o piramutaba de cara achatada, a piranha de um vermelho vivo que parece bastante inofensivo fora da água, o xaréu e ainda o surubi em sua camisa tigrada, o jaraqui, cortado em filés finos pelo peixeiro, pronto para consumir. Sem esquecer o tucunaré (presa dos americanos, loucos pela "pesca aos grandes"), e seu terceiro olho na cauda… Tem para todos os bolsos e os gostos – sabendo-se que as pessoas de Manaus só comem peixes que têm escamas. Os peixes de corpo liso, velhas crenças associam-nos à transmissão de doenças.

Pirarucu. Muito popular, e por isso ameaçado de extinção, o pirarucu[17] é o melhor por sua qualidade e sua carne, e um dos mais interessantes de um ponto de vista ictiológico. Ele pode atingir tamanhos gigantescos, mais ou menos quatro metros de comprimento para 250 kg. É o maior peixe de água doce com escamas. Com cinqüenta milhões de anos de existência, tem um aspecto muito primitivo com sua cara de buldogue, a cabeça ossuda, escamas do tamanho de uma mão de criança e com as quais se lixam as unhas. A cabeça, provida de uma espé-

---

17. Chamado também de Arapaima Gigas (família dos osteoglossídeos – língua de ossos), Pirarucu significa em tupi: "peixe vermelho". Pira – peixe, rucu designa uma pequena baía de polpa vermelha, com a qual algumas tribos cobriam os corpos (os roucouyennes ou waynaas da Guiana).

cie de ralador, uma vez seca, pode fazer as vezes de lixa para raspar guaraná defumado. O pirarucu vive e caça a maior parte do tempo em extensões pouco profundas de água passageira da bacia amazônica. É um meio particularmente apreciado pelo pirarucu, pois essas águas pobres de oxigênio enfraquecem os peixes pequenos e os tornam amorfos. Ele não possui esse problema, visto que tem a faculdade de respirar o ar atmosférico (a cada dez ou quinze minutos), graças a um órgão situado na garganta. Um outro recurso desse formidável predador, que não desdenha uma ratazana, uma tartaruga ou uma serpente aquática, é seu incrível poder de aspiração. Imagens surpreendentes foram feitas no meio natural, nas quais se vê um peixe-gato, nadando a cinqüenta centímetros de um grande pirarucu, desaparecer instantaneamente, engolido a distância! Quando ele cuida de seus filhotes (que às vezes guarda na boca e nutre graças a uma glândula especial), e para manter afastados eventuais predadores, aproveita-se de um respiro na superfície para bater a água com a sua cauda em forma de espátula. O que significa que não passa despercebido.

Peixe-boi. Um outro peixe de água doce muito estranho é o peixe-boi. Ele tem efetivamente uma cabeça grande com um focinho de vaca, olhos e orelhas reduzidos a simples orifícios, tudo num corpo fusiforme que termina numa cauda de castor. A pele, quase glabra, de cor ocre, se renova sem cessar, o que evita que algas e outros parasitas proliferem.

Esse peixe enorme também (350 a 500 kg) pode ficar 25 minutos debaixo da água. Tem expectativa de vida acima de trinta anos. Plácidos, indolentes, os peixes-boi "pastam" nas águas profundas. Consomem plantas aquáticas, limpando assim os rios e os canais e removendo a vegetação superabundante. Vivendo em grupos soltos, comunicam-se esfregando-se ou emitindo breves chamados semelhantes a gemidos.

Considerados como vulneráveis e ameaçados de extinção, segundo o Ibama (Instituto Brasileiro do Meio Ambiente), eles não são mais pescados por sua carne ou couro.

Candiru. O mais terrível dos habitantes desses rios não é a piranha – cujos milhares de exemplares empalhados nos balcões de lojinhas de *souvenir* o fariam quase esquecer – mas o sorrateiro candiru Esse peixe minúsculo (de doze centímetros) tem um péssimo hábito: o de enfiar-se nas menores cavidades, em geral nas de ordem íntima no homem. E como possui uma espinha dorsal e frontal muito pontuda, uma vez inserto, ele não consegue mais sair. No Museu de Ciências Naturais da Amazônia, ao lado de um exemplar de candiru empalhado, um artigo da imprensa local contava a exploração de um cirurgião que conseguira extrair o peixe da uretra de um menino, o qual tivera a imprudência de se meter no rio para lavar suas roupas.

No Brasil, o guaraná não precisa mais de carta de recomendação: com seus ares de lenda, é a grande bebida nacional, rivalizando em popularidade com a coca-cola. Esse pequeno fruto vermelho (como uma cereja) valia ouro para os índios de origem tupi. Com um pouco de guaraná podia-se passar um dia inteiro sem comer! Entre outros "milagres", o guaraná é também empregado para despertar o apetite sexual. Mas não o guaraná em refrigerante, adocicado, que se toma na latinha em qualquer bar. Trata-se de um verdadeiro guaraná natural, comprado em galhos e ralado com a língua de pirarucu.

Além do guaraná, outra bebida utilizada há séculos pelos índios para curar a anemia, é fornecida pelas palmeiras altas e delgadas, se chama açaí[18]. Presente nos povoamentos naturais do estuário amazônico, o açaí é uma fonte natural de interesse estratégico. Complemento de primeira ordem na alimentação dos esportistas, ganha o gosto do público *in* do sudeste do país[19] por seus elementos energizantes (ferro e vitamina E). A Europa começa a importá-lo maciçamente, pois estudos recentes provam também que o açaí retarda o envelhecimento.

Com um gosto muito desconcertante – ao menos para o paladar europeu – é muito apreciado nas lanchonetes, seja como suco (refresco de açaí) ou sorvete cor de vinho. Consome-se também como uma espécie de geléia consistente.

Essa palmeira está tão identificada com a alma paraense que um ditado ali inventado o celebra nesses termos: "Vim para o Pará – parei. Bebi açaí – fiquei".

Outros novos produtos seguem o rumo do açaí e do guaraná, são: a pupunha, da qual se pode tirar farinha para consumo humano e animal; óleo vegetal para culinária e sabão, suco e refrescos; e o cupuaçu, árvore de

---

18. *Euterpe oleracea* – seu nome vem do tupi, *yassai*, ou açaí. Também é conhecida pelos nomes de coqueiro-açaí, uaçaí, açaí-do-Pará, ioçara, palmito, pina, tucanieiro e açaí branco.
19. No Rio e em São Paulo encontram-se comércios inteiramente dedicados ao açaí.

frutos muito aromatizados que, usados em compotas e refrescos, lembram vagamente o chocolate.

Uma princesa vegetal. A palmeira não é uma árvore, sua estrutura é muito diferente, não possui ramos e suas palmas só crescem de um único botão altaneiro. A palmeira, mesmo muito alta, faz parte da classe das monocotiledôneas e por isso deve ser considerada como a rainha das ervas. Carlos Lineu[20], em *Systema Naturae*, a qualificava como "princesa do mundo vegetal". É possível listar uma centena de espécies de palmeiras no Brasil. As mais comuns são a palmeira buriti, de folhas desdobradas em um leque liso, e a palmeira bacaba, toda esborrifada com suas longas folhas curvas. As palmeiras são importantes por mais de uma razão. Primeiro, imprimem às paisagens uma marca particular no litoral e no norte. Verdadeiras cornucópias, somo-lhes devedores, aliás, de uma extensa gama de produtos preciosos para a subsistência de numerosas populações (óleos, frutos, construções, telhados, utensílios de limpeza etc.). O nome do Brasil em língua tupi, Pindorama, não podia ter sido mais bem escolhido: "pindo" em tupi quer dizer "palmeira", daí Pindorama, a região das palmeiras. Tal como o Hexágono para a forma geométrica da França, Pindorama remete esse território aos seus primórdios, antes mesmo da chegada dos colonizadores, onde as palmeiras estavam por toda parte. Quando pedimos a uma criança para que desenhe uma paisagem "paradisíaca", há sempre uma palmeira num canto do papel.

20. Cientista sueco que fundou o sistema moderno de classificação científica dos organismos.

Deixamos Manaus e seguimos para Belém no início do dia. O avião, um velho Focker com seus assentos de couro malcheiroso, virou para o leste e seguiu por um tempo o rio Amazonas. Daí se entende melhor porque os ribeirinhos o chamam de "rio-mar".

Toda a terra estava tranqüila, descansada antes do calor forte, oferecendo a monotonia de sua cobertura verde a um sol já valente. Nem um caminho, nem uma clareira. Apenas os grandes rios e seus afluentes brilhavam como serpentes azuis, desenhando infatigáveis curvas que faziam a floresta parecer um quebra-cabeça gigante. A terra é grande demais aqui. A dimensão cansa. A imensidão é aterradora. Porque o universo tecnológico nos habituou a viver na perspectiva de uma aproximação universal de tudo com tudo, talvez não estejamos mais em condições de apreender o mundo em sua *verdadeira* dimensão?

Às vezes distinguia-se uma embarcação, duas pirogas, uma casinha, traços ínfimos de uma presença humana naquele labirinto vegetal. Quem? Por que aqui? Com que finalidade? Gostaríamos de crer que aqui bate um coração de humanidade primitiva, um fermento de raça humana que permaneceu no estado puro e pronto a se desenvolver quando nós, os civilizados, tivermos desaparecido como dinossauros, sufocados coletivamente pela monstruosidade de nossas cidades superpopulosas.

As mais belas paisagens são as do céu. O céu do Amazonas têm uma beleza sublime: grandiosos e esmagadores. Pois há tanta água no céu quanto na terra, um e outro como dois grandes vasos comunicantes onde a água circula incessantemente numa grande energética comandada pelo sol. Nuvens enormes perpendiculares e a uma altura louca, avolumadas e coloridas como cerâmica amarela e azul, oferecem um escancaramento no qual o espírito sonhador pode se enfiar e formar quimeras, miragens...

Belém. Primeiro grande porto do rio Amazonas, situado a 120 km do mar, a cidade se ergue quente e úmida à beira de uma floresta impenetrável, maior do que a Europa, e que abrange cinqüenta mil espécies vegetais... No entanto, as referências à floresta são raras em Belém: a "Pérola da Amazônia" dá a impressão de ter soberbamente desprezado em todos os tempos seu ambiente silvestre. Em geral, impecavelmente vestidos, como "verdadeiros civilizados", os negociantes da borracha tinham – diz-se – um verdadeiro horror pela mata e pelos "selvagens". O que desmentem alguns belos parques ou praças como a praça da República no centro da cidade velha onde reina, cercado de mangueiras centenárias, o Teatro da Paz. A atmosfera amazônica, da qual Belém deveria dar uma amostra, é mais palpável no parque Rodrigues Alves, que apresenta esplêndidas essências de árvores e de orquídeas; um belo restaurante (comida por quilo) oferece uma atmosfera climatizada ao passeante do domingo. Outro lugar consagrado à selva é ao mesmo tempo tão próximo e tão longínquo: o zoológico do Museu Emílio Goeldi. Fundado por um sábio suíço, foi um centro de pesquisas renomado. Hoje, a julgar-se pelo pouco de animais que se amofinam nas jaulas, tudo leva a crer que sua fauna foi dizimada pelas pressões orçamentárias e pelos saques dos caçadores. O parque zoobotânico é ainda assim magnífico, apresentando, numa exuberância quase mais verdadeira que a natureza, centenas de árvores, plantas e flores num ambiente escuro, um pouco poeirento, mas apto a despertar pavores infantis... Vem-me à mente uma passagem de Michaux em *Ecuador*. "Uma jovem mulher que estava a bordo conosco, vindo de Manaus, entrando na cidade naquela manhã, quando passou pelo Grande Parque, bem plantado, aliás, teve um suspiro de alívio. Ah! Enfim a natureza! – disse ela. Ora, ela acabava de vir da floresta". E o escritor acrescenta: "E ela fez uma careta, a floresta equatorial! À esquerda e à direita do rio".

Decerto, é mais fácil descrever uma árvore do que a floresta! Imensa, opaca, silenciosa, a floresta se vira, recusa-se. Nem sombra, nem jogo, uma poderosa respiração apenas, um ajuntamento e um impulso inexorável. Paisagem? Seria preciso aqui uma outra palavra, porque uma relação está invertida. Há, decerto, uma ordem, um sentido, mal-e-mal uma direção, mas nada se refere ao homem, e é em vão que ele tente se projetar ali, inventar sentimentos, encontrar as palavras que a floresta recusa. Alhures, a paisagem vai sempre a algum lugar, para um vilarejo ou cidade, dissimula uma, oferece a outra. Ainda assim há o vazio entre os homens, ela os indica. Mas a floresta vai, vai, vem de lugar nenhum e volta. Então, como a mente recusa o insensato, um sentido acaba por se impor. Dir-se-ia que a floresta, por sua presença imperiosa, remonta não mais ao espaço que privou de sentido, mas ao tempo, e volta de onde vem, a uma terra de antes do surgimento dos homens e dos animais, onde a árvore, único ser vivo, reinava sem par num planeta que escandia com seu passo imóvel e soberano. Ouvimo-la também em nossos climas, por pouco que saibamos escutar. Ela diz sua idade e seu cansaço, seu vigor e seu orgulho, a seiva que abandona ou retoma, sua dor, sua esperança. Essa vida que murmura em nós é a mesma que murmura nela, sem nenhuma metáfora. Mas para ouvi-la é preciso que o ouvido esteja afiado. Na floresta, a árvore fala alto. Fala como quem se surpreende ao ver um ouvinte, um estrangeiro para ouvir. Ela impõe silêncio ao antropomorfismo. E só fala de si. Compreendê-la é um desafio. Mas ouvi-la já é miraculoso.

Forte do Castelo. Diante do rio[21], o forte, modesto reduto à Vaubran, acolhe visitantes sob alta proteção: alguns militares armados até os dentes, suando sob o capacete regulamentar e o tédio de sua função, "guardam" o museu histórico e arqueológico da cidade. Pois do passado de Belém tende-se a apenas se mencionar a época fasta da borracha trazendo, em pleno calor tropical, a Europa e a modernidade. Esquecem-se os tempos muito conturbados que seguiram sua fundação, em 1616, e, especialmente, as relações difíceis entre os portugueses e os autóctones. Com efeito, os primeiros colonos brancos, camponeses pobres vindos dos Açores, dependiam dos *filhos do mato*. Esses índios encontravam em plena floresta virgem o cacau, a baunilha e a canela, que eram exportadas para a Europa. No início do século XIX, a oposição entre as classes dirigentes brancas e a população mestiça (chamada cabanos porque vivia em cabanas) provoca uma revolta que levará o nome de "Cabanagem". Em 1835, os camponeses, os escravos (mulatos ou libertos), os operários e os soldados

---

21. "Não é um rio, é a terra que corre", escreve Erik Orsenna, em *A Exposição Colonial*, São Paulo: Paz e Terra, 1990.

rasos tomam Belém depois de nove dias de luta. Os guerrilheiros expropriam os negociantes, distribuem comida ao povo e declaram sua independência, proclamando sua submissão ao império do futuro Pedro II. Os britânicos, preocupados em manter o comércio, bloqueiam o porto e asfixiam a economia local. Dezesseis meses mais tarde, três mil soldados sob as ordens do brutal general Andréia retomam a cidade. A lei marcial é promulgada, a repressão, terrível. A maioria da população se refugia nas fazendas para continuar resistindo. Em quatro anos, um terço da população masculina negra ou mestiça é morta, ou seja, quarenta mil pessoas. Assim foi reprimida a revolução social que, trinta anos antes da Comuna de Paris, conseguiu estabelecer um poder popular no Amazonas.

Estação das Docas. Desde a ruína do comércio amazônico de borracha natural, a atividade do porto se limita à negociata, cada vez mais residual, de madeira tropical. Se o porto está morrendo, a cidade não dá mais as costas às águas que a banham. A Estação das Docas, o bairro das docas, é um exemplo de *lifting* radical para reencontrar um pouco do lustre dos tempos gloriosos. Num espaço de 32.000 m², galpões sóbrios, reabilitados à maneira do Beaubourg, acolhem num ambiente climatizado uma mini-fábrica de cerveja, um *freezer* rico em sabores silvestres, uma sala de espetáculos com quatrocentos lugares, assim como uma série de restaurantes escalonados ao longo de um "*Boulevard* da Gastronomia". À margem do rio, as gruas foram repintadas de amarelo. O resultado está mais para mitigado: parece um lugar qualquer da moda do planeta. Fantasia local, manteve-se uma ponte elevada que passeia numa espécie de carrinho uma orquestra "típica" sobre a cabeça dos clientes. O lugar, quase deserto durante o dia (algumas jovenzinhas prostituídas perambulam sob o olhar zombador dos garçons), só é freqüentado à noite por uma clientela grã-fina, formada sobretudo por turistas que não ousam se aventurar no populoso e pouco seguro, mas muito vivo, mercado que lhe é perpendicular.

Ver-o-Peso. O contraste é assustador, de um lado a modernidade *clean* sem alma, do outro, a "verdadeira vida" desse mercado trintenário com suas lojas insalubres cheias de cores e eflúvios onde se apressa o povinho. Ao lado dos sacos de farinha de mandioca de todo calibre exibem-se camarões secos, temperos e condimentos, plantas aromáticas, garrafas de pimenta com seu suco, ervas medicinais, extratos de múltiplo uso (azar, mau-olhado, decepção amorosa, dinheiro etc.), sem esquecer o famoso "viagra natural"... Bem ao lado, uma surpreendente construção colonial de pequenas torres abriga o mercado de peixes onde dezenas de carregadores correm para a pesagem, equilibrando a carga de peixe na cabeça, batendo nas lanchas e se interpelando ruidosamente. Impassíveis no meio dessa agitação, soberanos, os urubus pululam em volta da bacia vizinha reservada às embarcações de pesca. Por ocasião dessa inesperada sorte, esses varredores patibulares, inexoravelmente presentes em todo canto da paisagem brasileira, são, de alguma maneira, contra ventos e marés, a garantia da cor local mais autêntica.

Ilha dos Papagaios. Agitado pelas marés esverdeadas que sobem, nosso barco enfrenta a corrente adversa nas crepitações sincopadas do motor. São quatro e meia da manhã e a noite ainda está fechada. Uma lua leitosa tenta perfurar alguns rastros enevoados. Depois de uma noite difícil por causa do calor, a brisa morna varre com doces rajadas a ponte superior de nosso *popopo*[22], onde alguns excursionistas conversam em voz baixa. Cruzamos pirogas de caboclos cheios de cestos de frutos destinados ao mercado de Belém. Será preciso mais ou menos uma hora para atingir a pequena ilha dos Papagaios, destino da excursão. O barco aborda a ilha lentamente e ancora diante do pontão de uma barraca de pescadores. Cá estamos. Diante de nós, a ilha está silenciosa, ainda mergulhada nas trevas. Esperamos. O barco aderna levemente. Saboreamos a aurora dourada que vem do leste. O rio Guamá se ilumina lentamente em verde e azul. A floresta, bem próxima, envia seus cheiros adocicados. De repente, um rebuliço na ilha: primeiro alguns gritos roucos, espaçados, que se interpelam, depois um aumento, até tornar-se um imenso clamor. Centenas de araras saem dos galhos altos, sobem aos ares e se põem a voltear em todos os sentidos. Nascido o dia, começa a esquentar. Os papagaios, que agora são milhares, num caos infernal, enchem os ares com seus vozerios, escapando aos pares em todas as direções. Eles vão procurar nas margens vizinhas os buritis, cujos frutos degustam, e voltarão quando a noite tiver caído. É um espetáculo mágico, quase sagrado: essas vociferações parecem querer festejar as núpcias tão miraculosas quanto familiares da água, do céu e da terra. Depois o parêntese da noite, o mundo inteiro continua sempre ali. Graças a Deus! Bom dia, sol.

22. Nome familiar atribuído aos barcos amazônicos por causa dos estouros de seus motores.

Besteirol turístico. Enquanto todo mundo se agitava atrás de uma câmera ou um par de binóculos, uma mulher e seu marido tiraram seus celulares: "Mamãe, escuta só os pássaros!"

O drama do Amazonas – e, de um certo modo, do Brasil – é essa idéia tão perigosa quanto perversa de profusão inesgotável, de terra da Cocanha com fontes inexauríveis. Haverá sempre baunilha, látex, jacarés, árvores... Sempre! Em todo lugar no mundo os homens cultivam sua terra com perseverança e respeito, ela é pobre, precisa do suor deles para consentir em nutrilos. No Amazonas, basta colher, abater, pegar, matar: vai crescer de novo sempre e tudo é permitido. A visão idílica dos descobridores, as narrativas maravilhadas dos primeiros viajantes construíram a lenda tenaz de um "paraíso na terra" e levaram a uma maldição da opulência. Esta pesou e continua pesando nessa parte do continente, onde a fecundidade de origem, misteriosamente, se perde num poço sem fundo. Daí esses sentimentos de incúria, estragos generalizados expressos pelos observadores, de impotência, de estagnação e injustiça persistente denunciados pelos especialistas. Já no passado, uma espécie de nomadismo da preguiça impelia o criador caboclo – assim que a terra não lhe desse mais espontaneamente a subsistência que esperava – a ir embora para mais longe. Na verdade, muitos não esperavam que ela estivesse esgotada para mudar de lugar: iam porque havia muita gente para sua conveniência nas paragens ou simplesmente porque estavam ali havia muito tempo. Um explorador francês notara, desde o final do século XIX, essa instabilidade inerente ao mundo brasileiro: "A terra não sendo considerada como algo que valha a pena para apropriação de caráter definitivo e perpétuo, não tem em si nenhum valor. Tomam-na à revelia, abandonam-na sem remorsos; de fato ela não é *res publica*, e *res nullius*"[23]. Se a gente da terra tinha tão poucas raízes, assim também o era com os seringueiros que, impelidos por seus métodos de exploração destrutiva, iam cada vez mais longe. Em torno de Belém arrancava-se da grande floresta o seu látex, sem hesitar em massacrar as héveas e os cipós, a borracha ou a maniçoba, de tal forma que era preciso se enfiar cada vez mais longe, até o Xingu, depois para as margens do Tapajós e assim por diante, até a voracidade desenfreada na exploração da castanha-do-pará, ou das jazidas de diamantes do Araguaia.

É impressionante que, um século mais tarde, nada tenha mudado nessa constatação. A construção da Transamazônica em 1971 foi, afinal de contas, apenas um plano de comunicação dos militares para mostrar ao mundo que os generais eram capazes de reunir um povo em torno de uma obra grandiosa e humanitária. Esse projeto megalômano foi um verdadeiro cataclismo ecológico[24] e principalmente econômico e humano. A estrada prevista para permitir uma colonização sistemática em prol dos camponeses nordestinos mais pobres só serviu para en-

---

23. Henri Coudreau, *Voyage au Tocantis-Araguaya*, Paris: A. Lahure, 1987.
24. Para fazer um quilômetro de Transamazônica por quinze metros de largura era preciso abater quatro mil árvores. Para criar pastos e instalar cem vacas, queimavam-se freqüentemente 250 hectares de floresta.

riquecer os (já) ricos fazendeiros ou as multinacionais, cuja bulimia não conhece limites. As culturas de víveres, já delicadas num solo frágil, são substituídas pelas culturas extensivas, racionalizadas, mecanizadas, que desequilibram perigosamente os ciclos naturais. Às vezes esses grandes proprietários não produzem nada, as terras são adquiridas pelas expropriações duvidosas ou espoliações unicamente com fins especulativos: espera-se que o valor aumente antes de revendê-las às Multinacionais do setor agroalimentar. Dessas práticas nasceu o Movimento dos Sem-Terra(MST), que luta por uma justa distribuição da terra, desafio crucial para o atual governo.

Não saberíamos calar diante do considerável desastre epidêmico provocado na população dos índios Yanomami com a abertura das obras e com a chegada dos colonos. Se a Perimetral Norte foi abandonada em 1976, ela deixava atrás de si uma situação de degradação sanitária e de desestruturação social irreversível, que são sentidos ainda em nossos dias se acreditarmos em Lourival, líder tradicional da comunidade indígena de Watoriki, seu xamã mais antigo (67 anos) e mais respeitado:

Os brancos nos contaminaram sem cessar, há muito tempo. É por isso que os nossos morreram uns após os outros, sem parar. Hoje, basta. Não queremos mais morrer de Xawara dos brancos. Já ficamos suficientemente horrorizados com seu poder. Agora queremos morrer de velhice, como antes.

O acúmulo desses resultados, tão decepcionantes e quase sempre assassinos, fez surgir uma conscientização, uma idéia quase revolucionária na cabeça dos governantes. A verdadeira riqueza do Amazonas, ouve-se dizer, reside na incomensurável variedade de sua floresta e na sabedoria dos índios. Esse patrimônio pode salvar o mundo, é preciso tocá-lo o menos possível. A biodiversidade é hoje erguida como um valor sagrado, bem superior a todas as soberanias. Esse belo discurso mal acaba de ser pronunciado e já não se contam os atos de "biopirataria" (uma das atividades ilegais mais lucrativas do planeta, logo depois do tráfico de armas e o de entorpecentes) no qual sementes, insetos e flores se transformam em tesouros inestimáveis destinados à indústria farmacêutica e cosmética dos Estados Unidos, Europa e Japão. O prejuízo ecológico e financeiro seria incalculável para o Brasil.

Decididamente, será muito difícil reverter essa tendência milenar e tão funesta do homem em meter o nariz entre a Natureza e Deus...

São Luís. Saindo da Igreja da Sé, onde o culto dominical foi cheio de fervor e de simplicidade, pegamos a avenida Pedro II, margeada de palácios oficiais magnificamente restaurados. O brilho do céu, as cores pastel das construções vibram em uníssono dessa liturgia cheia de alegria e de esperança cujos últimos ecos se perdem no límpido domingo. O Deus dos trópicos não tem do que reclamar, tudo o que respira nesse país Lhe confecciona louvores. É um Deus repleto de igrejas, incensos, cantos. Seria suficiente para fazer Dele um Deus "bom"? Sob as árvores, tagarelando alegremente, uma fila de necessitados espera pacientemente, de dois em dois, um lote de alimentos que um homem importante tira do porta-malas de seu carro. Descemos para o mar, a avenida está deserta, é a hora meridional. Tudo quieto. À sombra de um banco, um homem, quase nu e sentado, com a cabeça entre as mãos; ele parece afundado em seu desespero, não levanta os olhos à nossa passagem. Ninguém mais existe para ele, e Deus? Mais longe, à beira da praia, deitados sob um quiosque de música, homens dormem com a cabeça debaixo de caixas de papelão. Quais reinos perdidos povoam seus sonhos? Em quais tempos sonolentos naufragam seus anos, seus dias? Esses homens vivem. Eles são o grau zero da vida. Eles são tão leves nessa terra quanto as carcaças de caranguejos que o vento sopra, à noite, nas praias do Nordeste.

A abundância dos frutos, o clima, o vigor admirável dos corpos, a luminosidade da epiderme fazem com que a miséria pareça aqui menos degradada – se é que se pode dizer assim – do que noutros lugares. Talvez isso se deva a essa indolência distinta dos habitantes que sabem dar uma aparência estética ao infortúnio? Em Belém, porque são numerosos, os mendigos vivem numa cidade e num clima menos hospitaleiros, são mais enérgicos e mais agressivos. Eles nos abordam com insolência, olham com desprezo. O Bom Deus dos trópicos foi aqui especialmente brutal. Já não muito conciliador em nossas terras temperadas da Europa, também não se aperfeiçoou no Equador... O Deus ao qual estes mendigos resistem é o do Antigo Testamento, uma peste que os barbarizou. Como essa coisa, quase uma menina, descabelada, suja, encolhida num canto do jardim Dom Pedro que cuspiu não sei o quê (uma casca?) quando passei. Cena ainda mais terrível porque aconteceu num desses parques magníficos, de árvores soberbas, com perspectivas delicadas, desenhadas pelos arquitetos italianos da antiga Belém. Não, a miséria que degrada e corrói não é menos dura ao sol...[25]. Como observava Albert Camus, o viajante fica a meia distância de uma e de outra: a miséria o impede de acreditar que tudo está bem sob o sol e na história – o sol lhe ensina que a história não é tudo.

No vôo noturno São Paulo/Paris, dois franceses se jogam pesadamente nos bancos à esquerda e à direita do meu. Com roupas de "mochileiros em férias", eles começam tirando os sapatos, enrolando-se nas cobertas e botando os pés descalços na divisória entre nossos assentos. Um deles inclinou a poltrona antes da decolagem e passou os braços para trás do encosto, o que parecia incomodar o passageiro de trás. Apoderando-se de minhas duas braçadeiras ("é 'meu' lugar"), eles vão passar uma parte do vôo falando por cima da minha cabeça, passando revistas sem emitir o mínimo "com licença".

Volta à França. Acabaram-se gentileza, sorrisos e boas maneiras. Bem-vindo ao mundo moderno da indelicadeza e da pangrosseria[26]. Desgraça. *Saudades do Brasil.*

---

25. O que parecia ignorar Laurent Bignolas que declarava a seu convidado Claude Rich num programa Faut pas rêver de sexta-feira, 14 de março de 2003: "Nós vamos ao Brasil ver os habitantes e seu sorriso sempiterno pelo país".
26. Neologismo elaborado por Péguy para designar não tanto a besteira, mas a inteligência técnica do mundo em "sua infinita brutalidade" – uma inteligência feita pelo "tato" do "escrúpulo para com outrém".

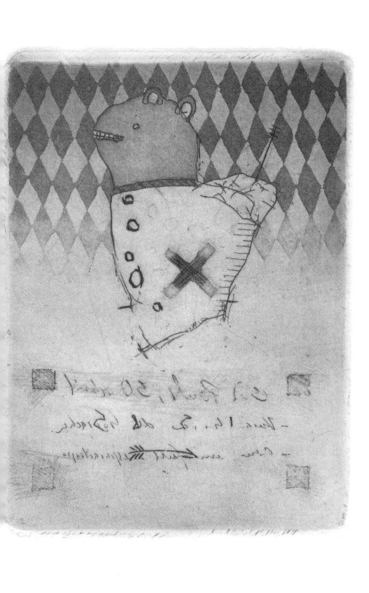

Suíte Brasileira II
Brasiliana

Costuma-se dizer que em seu passado recente o Brasil mais se transformou do que se desenvolveu. A observação das cidades permite que se reconheça pelo nome, aspecto e estrutura, sua ligação a tal ou qual grande família de um reino acrescido pelo homem à natureza: o reino urbano. Durante os séculos XIX e XX, o anel móvel da colonização pioneira foi lentamente deslocado do leste para o oeste e do sul para o norte. Os geógrafos observaram que o ciclo de ocupação do espaço correspondeu a uma evolução histórica, em que a curva de crescimento da população desposava a da produção de riquezas do solo ou do subsolo: riquezas minerais, cana-de-açúcar, depois café, e enfim hévea e madeiras preciosas; esses períodos da história econômica se sucederam nos ciclos de expansão-declínio de duração variável, os complexos urbanos nasciam e desapareciam de maneira concomitante. Deslocando-se de um ponto a outro sem nem sempre aumentar em número, os habitantes mudavam de classe social, passando de uma cidade fóssil a uma cidade embrionária. É apenas nas grandes cidades da costa – Rio e São Paulo – que a expansão urbana parece ter tido uma base bastante sólida para parecer irreversível: São Paulo contava 240 mil habitantes em 1900, 280 mil em 1920, passava de um milhão em 1928, dobrava esse cabo nos anos 50. Feita de dez cidades entrelaçadas, ela ultrapassa hoje dezoito milhões de habitantes (como no México, uma rua nova surge a cada dia).

Na época imperial, a ocupação do solo brasileiro era fraca, mas relativamente bem repartida. Se as cidades litorâneas ou próximas permaneceram pequenas, as do interior tinham uma vitalidade maior do que hoje. Por um paradoxo *mediológico* que se tem forte tendência em esquecer, a insuficiência geral dos meios de comunicação favorece os piores, isto é, os mais lentos, e permite uma penetração mais profunda do território por "capilaridade". Quando havia outros recursos além do de ir a cavalo, julgava-se menos repugnante prolongar a viagem durante meses em vez de dias ou semanas e afundar nas zonas mais inóspitas. O interior do Brasil vivia uma vida lenta, decerto, mas contínua, onde todas as vias, terrestres ou fluviais, eram usadas. Curiosamente, o abandono em que caiu o Brasil central no início do século xx foi o preço pago pela intensificação do povoamento e das trocas nas regiões costeiras, onde as condições de vida "moderna", mais clementes, se instalavam. Como o progresso era ali muito difícil, o interior regrediu em vez de seguir seu ritmo vagaroso. Assim, a navegação a vapor matou em todo o mundo os portos de escala que a marinha a vela tornara célebres; os grandes transatlânticos fizeram desaparecer estes últimos em prol de algumas grandes cidades portuárias. Enfim, a aviação completou esse mesmo papel junto a esses meios de transporte e antigas escalas. A chegada do TGV em nossas regiões possivelmente contribuiu para esvaziar os campos que serviam uma rede ramificada de estações.

"As generalidades [dizia Jules Michelet, grande historiador] são portadoras de ódio. Por exemplo, a limpeza, a higiene, o vestuário de tal ou qual povo, são *fatos* delicados de se abordar".

Nesse ponto, Michaux fez observações pertinentes:

O vestuário de um povo diz mais sobre ele do que sua poesia, que pode vir de alhures e enganar todo mundo, como a do Japão. A poesia de um povo, em muitas épocas uma fabricação de estetas, engana mais do que o vestuário. O vestuário é uma concepção de si que se traz consigo. Quem imaginaria usar alguma coisa que lhe fosse contrária e que o contradissesse constantemente? Quando um povo se veste, ele se engana às vezes sobre o que lhe convém, mas raramente, e por muito pouco tempo. Nem a cor da pele nem a forma do corpo ditam sozinhas a roupa, mas o sentimento, as concepções gerais[1].

Um povo do qual nada se sabe ou que tudo tomou emprestado dos outros, idéias, religião, instituições, tem seu próprio sotaque, sua fisionomia, seu estilo. No entanto, a atenção que dá aos cuidados do corpo, à higiene doméstica, são também gestos, reflexos que o traem ou revelam. Incessantemente varridas, lustradas, lavadas com muita água, as casas do Brasil são de uma limpeza surpreendente. Essa higiene é a contribuição mais mar-

---

1. *Un Barbare en Asie*, Paris: Gallimard, 1933, p. 23.

cante (com o milho, o acaju e a farinha de mandioca) da mulher indígena à civilização brasileira. Não se pode entendê-la no Rio de Janeiro, São Paulo ou Brasília. Ou, mais exatamente, dá pena de ver. É preciso ir ao Amazonas, acariciar os vestígios da civilização da floresta tropical, para medir a importância da mulher indígena na formação desse traço. É o que permite dar razão a Gilberto Freyre o autor do indispensável *Casa Grande e Senzala*, quando escreve: "O brasileiro de hoje, amigo dos banhos, que sempre tem um pente, um espelhinho no bolso, os cabelos brilhando de loção de óleo de coco, é a prova da influência desses longínquos ancestrais"[2].

Jeitinho. A "brasilidade" – que apóia menos na história do país (herança, grandes acontecimentos, raça...) do que em suas instituições – seria antes alguma coisa a buscar-se do lado do *jeitinho* e da *malandragem*. A palavra designa uma maneira de "se virar" para fazer uma situação tornar-se vantajosa (o "pequeno truque", a astúcia, a tramóia), uma atitude própria do povo brasileiro face aos embaraços, que acabou num traço de caráter no qual ele se reconhece. Mais do que um conceito lingüístico, o jeitinho comprova uma disposição interior: estar bem consigo. Isso tem muito a ver com o que se chama no Rio de Janeiro de jogo de cintura, que consiste em evitar obstáculos esquivando e serpenteando. Ao mesmo tempo um movimento do corpo mais lateral do que frontal e uma capacidade de adaptação muito astuciosa (maliciosa), que se encontra igualmente no samba, no

2. Gilberto Freyre, *Maîtres et esclaves, la formation de la société brésilienne*, Paris: Gallimard, 1953, p.131.

futebol e seus comportamentos malandros que oscilam entre o "cara de pau" e o "drible" (especialmente para contornar a lei, o que não se faz sempre em unanimidade). A identidade nacional (ser brasileiro), não podendo erguer-se sobre um direito do solo nem do sangue (apesar dos episódios infelizes de 1937-1945, depois 1964, os brasileiros são pouco sensíveis aos charmes do nacionalismo), nem num Estado ou numa tradição, significa então, antes de tudo, um estado de espírito.

Malandrinho. Mesmo os pequenos animais (bichos) adquiriram essa esperteza encantadora que faz as delícias dos visitantes: macacos minúsculos (mico-leão), gulosos e travessos do Pão de Açúcar no Rio; pequenos mamíferos (coatis), ladrões de guloseimas nas rampas de acesso às quedas de Foz do Iguaçu. Como se o jeitinho brasileiro se estendesse a toda a população animal. Como diz o autor de um guia francês: "Entre o ser e o nada, há o jeitinho". Que se saiba.

O motorista de táxi nos acolhe em seu veículo como se estivesse em casa. Você é seu hóspede e ele faz questão de garantir-lhe o conforto: limpeza, ambiente perfumado, ar condicionado segundo a vontade do cliente, carroceria impecável. Dá-se o troco arredondando em favor do cliente. Abre-se a porta na entrada e na saída. Se há simpatia, uma certa intimidade pode se estabelecer, dizemos os nomes, sabendo que o costume no Brasil é omitir o sobrenome (às vezes só se conhece uma pessoa pelo apelido e isso pode durar trinta anos!). Pode-se então beneficiar-se de uma conversa calorosa sem familiaridade, inteligente sem artificialidade. Em Foz do Iguaçu, nosso motorista tinha opiniões surpreendentemente aprofundadas sobre os defeitos dos argentinos e os méritos dos brasileiros... Às vezes a candura de alguns motoristas de táxi desarma. Assim era o português imigrante no Brasil com quem conversamos em São Paulo. Vendo no cruzamento um barzinho dentro da escuridão, ele nos explica que a luz estava cortada porque o proprietário provavelmente não pagou a conta. E prosseguiu com esta reflexão: "Que tristeza! Ficar o dia inteiro na escuridão... Imagina? O pior é ir deitar no escuro...".

Luxo do mínimo esforço: pode-se viajar sem ter de levar mala. Toda uma população de carregadores, porteiros, boys, ascensoristas, pessoal de categoria, cuida de seu conforto. O europeu, primeiro um pouco incomodado de ser servido – sua consciência democrática e igualitária se insurge –, acaba por aceitar o que se revela ser um sentido inato de servilismo e uma prodigiosa gentileza que não é, como a nossa, muitas vezes, o produto de virtudes adquiridas, de uma estratégia deliberada de educação e de domação, mas a expressão da natureza mais profunda: uma necessidade de assim ser que não saberia ficar em desarmonia com o meio e, por conseguinte, com você.

Futebol. Na hora de uma final da Copa do Mundo, os aviões no Brasil não estão certos de que vão decolar. E se o fazem, a transmissão é garantida diretamente pelo comandante a bordo. Impossível compreender a comunicação passional, quase religiosa, de todo um povo através desse esporte, sem evocar a hipótese das coletividades em *quase-objeto* de Michel Serres. Segundo ele, a vida da coletividade necessita da presença de um

110

quase-objeto. O quase-objeto é um objeto sobre o qual todos estão de acordo, qualquer que seja seu ponto de vista, e que estabelece instantaneamente naquele que traz o reconhecimento de todos os outros. No espaço físico, o único objeto indiferente ao ponto de vista, produzido como o cascalho pelas tensões e pelos choques inumeráveis vindos de toda parte, é a *esfera*, quase-objeto por excelência, quase-objeto paradigmático, pode-se dizer. A bola é exatamente o objeto mais compartilhado do mundo. Bater bola permanece o dispositivo mais universal de integração dos humanos nas lógicas coletivas e para o aprendizado da vida em sociedade. Assim que o jogo começa, a bola pertence a todos os jogadores, quando a partida se interrompe, ela se torna propriedade do árbitro. O ato de torcer (você é Fla ou Flu?) é o único espaço em que o brasileiro aceita não apenas que a ordem seja transtornada, mas em que há uma cisão simbólica da sociedade. Para o antropólogo Roberto Da Matta, o futebol é o único espaço onde o brasileiro exprime claramente sua preferência. Assim, o pós-jogo nunca é seguido de grande tristeza: o delírio se prolonga pelas ruas, nos bares ou ao som do foguetório.

Você acredita que na última fileira da arquibancada do Maracanã veria a bola, se o movimento dos jogadores não designasse precisamente onde está? Você acredita que encontraria em algum outro lugar se não em um estádio uma melhor derivação de conflitos reais?

O coletivo e o quase-objeto estão ligados. É preciso nunca ter posto os pés num estádio para não entender que, com o futebol, o esporte rouba ao político seu poder de coesão nacional. Eis que todo o político passou pelo estádio – como o destino do Império Romano nos jogos de circo.

Mundial. Quando uma equipe européia faz um gol, o autor manifesta sua satisfação com caretas vingativas, levantando o punho fechado ao mesmo tempo conquistador e ameaçador, às vezes até faz algum gesto sexual grosseiro. Tais traços rebaixam o esportista à animalidade mais primitiva, mais "chimpanzéstica": o esporte é a floresta continuada por outros meios... Quando a seleção faz um gol, os sorrisos desabrocham, às vezes, são as lágrimas ou sinais da cruz furtivos. Trocam-se abraços. O terreno se transforma num pátio de recreação em delírio, cheio de gritos e risos infantis. O futebol é a infância reencontrada no prazer do jogo.

Descrevendo a dança do sertão que designa a perífrase *rapapé*, M. H. Lelong[3] comenta:

> Eu reconhecia aquele ritmo descabeçado e aquele movimento mal-e-mal esboçado pelas pernas, acompanhado de um rebolado da bacia toda: é a África que foi transportada para esses lugares com a madeira de ébano, a voz do sangue negro que fala.

Haveria muito a dizer sobre esse balançar que se encontra na maioria das danças brasileiras, não apenas no samba, mas também no frevo, no maracatu, no forró. Ele exprime um ritmo inscrito no mais profundo dos brasileiros e é, de fato, a herança de suas raízes africanas, a exemplo de uma certa maneira de andar, essa "memória muscular" – de que falou Gilberto Gil e cujo componente essencial é o *rebolado*, movimento dos quadris para a esquerda e para a direita. Se os dribles (essência mesma

---

3. Maurice Lelong *Symphonies brésiliennes*, Paris: Éditions Chambriand, 1951, p. 8.

do futebol) dos jogadores brasileiros são tão justamente reconhecidos, sabemos de onde provêm.

A nação brasileira como telenovela. Muito antes de nossos intelectuais começarem a interrogar-se sobre o desenvolvimento de uma industrialização da cultura e o estabelecimento de um mercado cultural global, o fenômeno das famosas novelas brasileiras (telenovelas, ou simplesmente novelas) já colocavam as premissas há trinta anos. Sem que se soubesse verdadeiramente deste lado do Atlântico, as telenovelas constituíram um laboratório social e midiático muito interessante. Mais do que uma forma de expressão artística, a telenovela é um verdadeiro instrumento de simulação da vida cotidiana. Ainda que tenha um autor, a telenovela é uma criação coletiva, uma estrutura sempre aberta às expectativas dos espectadores (graças ao apoio de métodos sofisticados de pesquisas de opinião). No plano da produção, ela se afasta ainda mais claramente do rádio ou da canção, em razão de sua complexidade. De duração considerável – em média sete meses, necessários para construir a identificação dos telespectadores e amortecer os grandes investimentos financeiros –, a produção de uma novela pressupõe a coordenação de diversos ofícios, do ator ao técnico, dando provas de um grau elevado de especialização. Esta é correlativa ao desenvolvimento de uma industrialização da cultura e ao estabelecimento de um mercado cultural: dois fatores importantes de internacionalização da cultura ligados à atividade das mídias, que trazem uma velocidade espetacular às trocas entre nações.

A novela não existe fora da mídia que a produz e ninguém imagina reproduzir a novela que acaba de ver, como faria com uma canção ouvida no rádio. Sua forma de reverberação não é mais a reprodução, mas a realidade social: os comentários, os julgamentos, as apreciações, as trocas de impressão... Enfim, tudo o que fazemos espontaneamente a respeito de nosso círculo de convivência. Como expressão popular na nova disposição social inaugurada pela política de integração que seguiu a ditadura, a telenovela entrou em cena para que o Brasil fosse visto pelos brasileiros, para que lhes fosse mostrado "o que se chama nação, o que sentem e vivem seus cidadãos, o que é a vida nesse país".

Como o futebol, ela permitiu a todo um povo oriundo do enlace das raças (filhos e netos de escravos ou imigrantes italianos, alemães, japoneses...) inventar para si uma identidade nacional, quando nem a tradição (já que os autóctones quase desapareceram), nem a língua (já que é a do colonizador), nem a raça (já que em múltiplas nenhuma domina como nos Estados Unidos) ofereciam pontos de apoio.

Com o inverno tropical, as noites são longas nos hotéis, felizmente a televisão vem trazer seu lote de surpresas tão instrutivas quanto edificantes. O programa Cidade Alerta, na Record, faz atualmente um grande sucesso: trata-se de fazer com que o telespectador participe diretamente da perseguição ou prisão de criminosos pela polícia. O ambiente é alucinante. Tudo é posto em prática para dramatizar o acontecimento (às vezes herói-cômico como vamos ver) e eletrizar o público. Como nos momentos mais intensos de uma partida de futebol da Copa, os comentários são grandiloqüentes e histéricos. A partir de um estúdio de decoração sóbria, o apresentador, colérico e maçante, vociferando para mostrar a tensão, orquestra seqüências interpelando (sem reservas) seus repórteres em campo. As imagens são tomadas de um helicóptero que segue a pista dos malfeitores, bem como por uma equipe móvel que acompanha a polícia por terra. O espetáculo, pois se trata de uma enorme encenação – ao qual se prestam complacentemente as forças da ordem – pode tomar dimensões surrealistas: assim, nós assistimos a uma corrida-perseguição, na melhor tradição hollywoodiana, de um carro de polícia "clonado" pelos gângsters. Os ladrões disfarçados de policiais perseguidos por policiais...

A televisão é, no Brasil, senão cúmplice do mal, ao menos sua divulgadora e também seu instrumento. Não se trata de intuição nem mesmo de uma simples coincidência, mas de uma evidência: a televisão é onipresente, e fica patente que os grandes canais têm uma ação destrutiva. As imagens que perseguem os brasileiros, principalmente os jovens, são as da telinha, e elas induzem, modelam, seus comportamentos, nem sempre o melhor, freqüentemente o pior. As novelas apaziguam, mas não se crê nelas. A telenovela, irreal por natureza, traz um pouco de sonho. Mas é a informação-choque que prima, a que fere com a miséria, a violência: a favela, feudo medieval, mantida pelos senhores da droga, o penitenciário federal que gera os próprios detentos, impondo sua ordem pela tortura e o morticínio sorrateiro etc. Em suma: o mal. Ignora-se se todos esses horrores são atestados; pouco importa: "a verdade", dizia o Visconde de Cairu[4],

---

4. Homem político, consultor jurídico e jurista brasileiro (1756-1835) muito influenciado pelo pensamento de La Rochefoucault.

"é a mentira muitas vezes repetida". É bem isso que a televisão mostra aos brasileiros; é isso que conta.

Aqui, até os concorrentes têm necessidade de serem amigos antes de tudo. Assim, qualquer forma de interação social deve ser ditada por uma moral da afetividade. Não é surpreendente que, atravessando todos os atos da vida pública ou privada (a religião, o esporte como a política ou os negócios), essa "ética da emoção" não chegue a produzir uma moral social consistente. É o que explica, segundo Sérgio Buarque de Holanda[5], o fato de a República brasileira ter sido obra de positivistas ou de agnósticos e que a Independência foi realizada por franco-maçons. A grandeza, a importância da doutrina de Augusto Comte[6], servia aos adeptos brasileiros por sua capacidade de resistir à fluidez e à mobilidade da vida. Haveria, então, na base da confiança dos brasileiros, no poder miraculoso das certezas, definições irrecusáveis e imperativas do sistema comtiano, um horror secreto à sua realidade psicológica, uma possibilidade de desafiar, até reformar, sua falta de rigor, de método ou de previsão, sua natureza instável e negligente, sua pouca aptidão ao especulativo etc. Tese interessante que permite moderar os argumentos apologéticos sobre os caracteres distintivos do brasileiro e evitar situá-lo no melhor dos mundos. Buarque de Holanda prevê que "a vida em sociedade [para o brasileiro] é, de um certo modo, uma verdadeira liberação do receio que sente

5. Sérgio Buarque de Holanda, *Raízes do Brasil,* São Paulo: Companhia das Letras, 1999.
6. A frase da bandeira do Brasil "Ordem e Progresso" é um dos primeiros sinais da influência do positivismo no país.

em viver consigo mesmo". Em contrapartida, numa outra passagem, ele nota com fineza que na atitude de abandono, de indolência, do "ir levando" dos brasileiros, há um "realismo inato que aceita a vida tal como é, sem complicação, sem ilusões, sem impaciência, sem agressividade e, muitas vezes – acrescenta ele –, *sem alegria*".

Perguntou-se recentemente ao escritor Paulo Coelho qual efeito o fato de ser brasileiro exercia em seus escritos:

A característica principal dos brasileiros é que derrubam o muro que separa as emoções dos fatos. Vivemos numa crise constante, no entanto, isso nos ajuda a repensar nossas vidas e a estar mais bem preparados para enfrentar os desafios do futuro, porque nós já os enfrentamos no presente[7].

Quanto a Caetano Veloso, ele comentava a conjuntura brasileira da seguinte maneira: "Eu acho que estamos mal. Mas sinto que estamos indo bem". Segundo a expressão do cronista do jornal *O Estado de S. Paulo*, é um belo exemplo de "dialética baiana" ou de "otimismo trágico" (segundo a fórmula do filósofo personalista Emmanuel Mounier) que se pode ouvir na nação inteira.

Em *Brazil*, romance de John Updike de 1994, há duas definições do país. Uma de um gângster "tornado cinza e melancólico por servir aos ricos":

O Brasil tem poucos chefes; os portugueses não deram ao Novo Mundo a disciplina e o rigor dos espanhóis. Se não fomos cruéis, brutos de alguma maneira, é porque somos preguiçosos

---

7.   Entrevista para o jornal *Le Figaro*, 2005.

demais para ter uma ideologia. A Igreja foi complacente demais; até os conventos eram bordéis.

A outra de um imigrante polonês que fugira com a chegada dos russos: "É um país feliz, de bolsos cheios e memória curta".

Estranho que um homem como Zweig, o europeu de alma cansada, suicida por "conveniências pessoais" no dia 22 de fevereiro de 1942, em Petrópolis, a cidade de veraneio da dinastia brasileira, tenha achado, em seu livro *Brasil, País do Futuro*, todas as razões para ter esperança, enquanto em torno dele a Europa naufraga, e que ele pressinta que não haverá mais lugar para o que ele é: "austríaco, judeu, escritor, humanista, pacifista". Desesperado pelas assustadoras tensões pelas quais a ascensão dos nacionalistas faz a Europa passar, o autor do *Amok* busca uma resposta à questão colocada no prefácio: "Como os homens podem chegar a viver em paz sobre a terra apesar de todas as diferenças de raças, de classes, de cores, de religião, e de convicções?". Onde achar lugar melhor do que o Brasil, país mestiço por excelência?

"A contribuição do Brasil à civilização é desde já extraordinária" – escreve num capítulo intitulado "Cultura". Foi preciso toda a competência e a celebridade de uma personalidade como a sua para ousar tal constatação, muito nova em 1941. As descrições da sociabilidade brasileira nas suas múltiplas expressões, bem como as relações raciais, fios condutores da obra, são analisadas em comparação clarividente e nunca são falsas mesmo que idealizadas. Como culpá-lo por isso? Estranhamente, o livro não terá junto ao público brasileiro uma acolhida à altura do entusiasmo que mostrou Zweig; recriminado por ter falado demais do passado e não o suficiente dos esforços gigantescos da jovem nação brasileira em plena construção.

Escritor e vaqueiro. Retornando da Espanha em março de 1937, Bernanos deixou novamente a França em 20 de julho de 1938, a fim de se estabelecer no Paraguai. Após alguns dias em Buenos Aires, ele partiu ao Brasil e se estabeleceu em Itaipava, em seguida em Juiz de Fora, onde alugou uma fazenda, e depois em Vassouras. Um pouco mais tarde, ele se fixará por um tempo em Pirapora. Enfim, em agosto de 1940, a alguns quilômetros de Barbacena, numa fazenda de Cruz das Almas. Seguramente, o Brasil, onde ficará sete anos, desempenhará um papel considerável na vida de Bernanos. Ele fez ali profundas amizades, escreveu grandes livros. Mas a vida não lhe foi mais doce do que alhures: evocando o lugar de seu "exílio" (ainda que julgasse essa palavra grande demais para si), Bernanos falará como de um "deserto tropical de ervas cortantes, cipós mortos, árvores anãs, rios de água morna, insossa[8]". Na casa onde reside em Cruz das Almas, as portas não têm fechaduras, as janelas não têm vidros, os quartos não têm teto; é uma casa que parece com sua vida – escreve –, "uma casa feita para minha vida". A um correspondente, confia: "Vivemos em plena floresta, a quinze quilômetros da cidade, privamo-nos de pão e de carne, contentamo-nos de arroz e feijão, de água pura [...]. O clima e a febre, que me pouparam, puseram minha família em duras pro-

8.   Georges Bernanos, *Les enfants humiliés*, Paris: Gallimard, 1939, p. 44.

vações [...]"[9]. Durante sua estadia, Bernanos espera tirar algum proveito de uma vasta exploração agrícola de que se ocupou durante vários meses. Ele compra duzentas vacas ou mais, bem como uma dúzia de cavalos. Mas essa experiência resultou num fracasso. Ao menos Bernanos terá tido a satisfação de poder dizer-se não mais "homem letrado", mas vaqueiro. "Enquanto homem letrado e homem do mundo, eu estava amarrado por um monte de necessidades supérfluas, enquanto vaqueiro, poderei escrever o que penso[10]".

O estilo de Lévi-Strauss. Cioran traz no texto de seus *Exercícios de Admiração*, consagrado à evocação de Benjamin Fondane, essa observação altamente pérfida:

Ele (B. Fondane) me havia recomendado com insistência o Shakespeare de Victor Hugo, livro mais ou menos ilegível, e que me faz pensar na palavra de que se serviu recentemente um crítico americano para qualificar o estilo de *Tristes Trópicos*: "the aristocracy of bombast" – a aristocracia da empolação.

A expressão é chocante, apesar de injusta, no caso. Toda a arte das "unhas para dentro".

Para pensar um mundo assim "oxímoro" como pode ser o Brasil, onde todas as afirmações podem ser contraditas, demanda-se uma *super racionalidade*, apta a

9. Idem. Carta de abril-maio de 1940. *Combat pour la liberté*, Paris: Plon, 1946, p. 318. É no Brasil que seu filho Yves contraiu tuberculose.

10. Idem Carta de 16 de outubro de 1939. *Combat pour la liberté*, ed. cit., p. 270.

tomar a ilusão como sério e o sério como uma ilusão. O pensamento de Jean Baudrillard estava quase predestinado a esse exercício. As páginas que são consagradas a suas estadas no Brasil em *Cool Memories* estão entre as mais penetrantes, as quais foram escritas sobre a polifonia brasileira em sua discordância harmoniosa, sua desenvoltura cheia de sabedoria face à crise e ao fracasso, seu gênio da mestiçagem e da bricolagem, cuja figura mais poderosa é o antropomorfismo.

Países amigos, o Brasil muitas vezes ofereceu a vários franceses um refúgio às vicissitudes da história e numerosos são aqueles que, proscritos ou exilados voluntários, contribuíram, cada um em seu tempo e diversamente, para o enriquecimento da cultura brasileira. Assim, é a derrota do Império francês e o exílio de Napoleão que levou Jean-Baptiste Debret a atravessar o oceano. Durante os quinze anos que passou no Brasil, a partir de 1816, ele teve atividades didáticas, dirigiu a Escola Imperial de Belas Artes, criou insígnias e símbolos do Império brasileiro nascente[11] e principalmente produziu um conjunto inestimável de aquarelas, de desenhos e de gravuras da sociedade brasileira do primeiro terço do século XIX. Legados de um grande interesse etnográfico que homenageou uma exposição no Centro Cultural Calouste Gulbenkian em setembro de 2000: Debret, um Francês na Corte do Brasil – 1816-1831.

11. Ele é autor da bandeira do Império do Brasil, em colaboração com José Bonifácio de Andrade e Silva: as florestas são o retângulo verde dos Bragança e, o ouro, o amarelo dos Habsbourg-Lorraine, formando um losango.

No catálogo da exposição, duas aquarelas chamaram-me a atenção. A primeira, intitulada *Jantar Brasileiro, 1827*, representa um casal de colonos realizando sua refeição nas duas pontas de uma mesa abundantemente guarnecida de víveres. Do lado da patroa e atrás dela, uma escrava negra, vestida à européia, maneja um espanador de moscas acima da mesa. Atrás do senhor curvado sobre seu prato está o servidor negro, de braços cruzados, atento a todas as necessidades dos patrões. No fundo, à direita, percebe-se por uma porta entreaberta um outro empregado imóvel que espera, ele também, de braços cruzados, as ordens. Duas criancinhas negras, completamente nuas, uma sentada no chão, a outra em pé, comem porções de comida que lhes dá a senhora da ponta de seu garfo.

A segunda aquarela, *Ofício da Corte indo ao Palácio, 1822*, representa um homem de raça branca chegando ao palácio, de trajes ricamente ornados e meias de seda, seguido de um escravo negro descalço que leva "acessórios" do homem da corte: num ombro uma imensa alabarda, no outro, uma trouxa na qual se distingue o bicorne da espada do homem. Este, comicamente, traz sob o braço um magnífico guarda-chuva azul claro.

Ticanto. No início dos anos 1930, um jovem inglês, Peter Fleming, acabando de sair das melhores escolas, juntou-se a uma expedição lançada sobre as pegadas do legendário coronel Fawcet, misteriosamente desaparecido dez anos antes nas paragens do Mato Grosso, onde afirmava ter descoberto relíquias de uma civilização extinta[12].

---

12. Hergé evocará o episódio em *l'Oreille cassée*, Paris: Casterman, 1937.

Um Aventureiro no Brasil, de Fleming, era o relato dessa aventura narrada com a inteligência da ironia, a malícia afetada e a famosa despreocupação dos anglo-saxões face aos cataclismos. Nos rios do interior do Brasil, repletos de crocodilos e outras diversões, a expedição passa valentemente do tédio à excitação, da excitação à angústia e da angústia à depressão, dos dias intermináveis a espiar a boa vontade dos corpos administrativos às loucas corridas para recuperar o tempo perdido, dos invariáveis bolinhos de farinha de mandioca aos delírios dos bons velhos bifes londrinos, da observação amorosa dos passarinhos à caça aos mosquitos e às piranhas. Tendo o cuidado de respeitar os respectivos orgulhos dos autóctones e a vivacidade geral da expedição, Fleming faz esse comentário:

> Só dispúnhamos ao todo e para tudo de uma única palavra: *ticanto*. Qualquer que fosse sua significação (nunca me preocupei em descobrir), essa palavra nos servia de alguma forma como talismã. Bastava pronunciá-la para criar um clima de amizade [...]. Se cada país do mundo colocasse assim à disposição dos estrangeiros uma palavra-chave que abrisse a porta de seus corações, então as relações internacionais seriam facilitadas, as viagens se tornariam mais agradáveis e Berlitz iria à a falência.

Palavras: *Negros, Pretos, Negrinhos.* "Estou ocupado em fotografar detalhes de arquitetura, perseguido por um bando de negrinhos meio nus", "Os miseráveis viviam empoleirados nos morros, nas favelas, onde uma população de negros, vestidos de trapos bem lavados, inventava no violão essas melodias alertas que, no tempo do carnaval, desceriam do alto e invadiriam a cidade consigo"[13].

---

13. Claude Lévi-Strauss, *Tristes Tropiques,* p. 29 e 97.

"O negro tem no rosto uma estranha expressão. Como os orangotangos. E os orangotangos têm olhos muito humanos. O negro: um clarão na cara, é seu olho"[14]. O mesmo faz sobre os índios essa surpreendente observação: "Cristo não é para eles o ideal, é bom, mas não os completa. Eles não vêem, parece-me, na bondade, uma qualidade de primeiro plano. Principalmente, eles estão muito longe do Judeu".

Algumas palavras não podem ser separadas de seu contexto, principalmente na história recente. Basta que algumas palavras sejam citadas para que a autoridade ou uma suposta aura de seus autores impeçam que sejam lidas e que sua verdadeira denotação desapareça quase inteiramente sob efeito de um halo da notoriedade. Sabendo da extrema sensibilidade dos leitores contemporâneos – e dos intelectuais em particular – para certos temas e do risco que aparece na mente do leitor, pelo efeito de uma verdade inesperada, palavras, frases inteiras, a exposição de convicções – "politicamente incorretas", que o texto comportaria realmente ou implicaria de uma certa maneira –, nós nos absteremos, *horesco referens*, de fazer qualquer comentário que seja. É o caso ao menos de precisar essas idéias, afinal de contas chocantes; são excertos de relatos de viagens efetuadas respectivamente em 1934 e 1929, período em que um certo Albert Londres não hesita em "botar o dedo na ferida", reportando de suas viagens na África testemunhos altamente sediciosos. Época enfim, em que se embriagando de bailes negros e de exposições coloniais, uma França chauvinista – com a qual um Paul Morand (o que "via tudo sem olhar") não

14. Henri Michaux, *Ecuador*, p. 26.

hesitou flertar[15] – celebra a diversidade humana e a universalidade de seus ideais na ignorância dos homens e na indiferença do próximo.

Contração e Diminutivos

Descubro por acaso que Belém é uma contração de Bethléem. Fruto da indolência local, esse audacioso atalho lingüístico é significativo do gosto pelo mínimo esforço, em minha opinião, muito louvável, dos brasileiros. A nova ortografia que prevalece tende para a transcrição fonética. Não se hesita em esvaziar o interior de uma palavra se a primeira e a última sílabas bastam para que seja reconhecível.

Um outro traço característico do falar brasileiro é o emprego quase constante de diminutivos (sufixos inho/a), o que pode dar frases tais como: "Se eu chegar um pouquinho atrasado, pode tomar uma cervejinha ou um cafezinho, ou então você me dá uma ligadinha…". É uma maneira de tornar tudo mais acessível, menor, mais doce, portanto mais próximo; uma vida que se tomaria na palma da mão, uma vida minúscula.

É raro ouvir os brasileiros elevarem o tom quando, por gosto do combate verbal, eles se excitam em seus discursos. Homens ou mulheres não levantam a voz. Eles amplificam a acentuação no agudo, em contralto, num grunhido de felino.

---

15. Ler por exemplo o muito datado *Hiver Caraïbe*, Paris, Flammarion, 1929, cujas anotações racistas provavelmente chocarão o leitor de hoje.

Na canção brasileira, não há nada daquelas vozes sedentas de amor, cheias de trêmulos impudicos, tal como se encontra em toda a América hispânica. A cultura da serenata com todo o seu *kitsch* de violões, moças bonitas e indiferentes na varanda e apaixonados cegos, com o coração despedaçado, não imprimiu marcas na canção de um povo que, mesmo sendo às vezes sentimental, tem pouco *sentimentalismo*.

No Brasil, bem como nos Estados Unidos, existem ao menos vinte raças, mas com a diferença de que nos Estados Unidos basta ter uma gota de sangue negro correndo nas veias para ser negro; no Brasil, já não se considera negro aquele que tem uma gota de sangue branco. Se a sociedade brasileira desmente a existência do racismo, o preconceito de cor não pode ser negado, mesmo se uma grande diversidade racial, sem muito preconceito no passado, permitiu misturas de todos os tipos: mestiços de brancos e negros, *caboclos,* de brancos e índios, *mamelucos* e de índios e negros, *cafuzos.* A mistura continua (um de nossos amigos, mestiço, afirmava recentemente que nenhum brasileiro pode hoje se gabar de sua "pureza" étnica) e deu como exemplo mais recentemente os ainocôs, descendentes de brancos e nisseis (imigrantes japoneses de primeira geração), que trouxe ao mundo da moda internacional umas de suas mais belas *top models* (o hibridismo conduz a natureza a certos compromissos monstruosos ou a uma suntuosa beleza). Desse "preconceito de ter preconceitos" decorre a dificuldade de limitá-lo e portanto de combatê-lo. Aliás, a desigualdade social invade freqüentemente a pista do racismo. Assim, apesar dos esforços e de diversas iniciativas[16], a integridade física e cultural, bem como a condição social dos índios, está longe ser garantida. Os índios têm consciência disso e não gostam dos brancos; assim que os vêem, mudam de expressão, fecham a cara, tornam-se severos. Outrora, era provavelmente o inverso, pois se diz que só sabem rir os índios que não sofreram a opressão do branco. Mais do que um cadinho étnico, o Brasil impõe-se ainda como um cadinho cultural e é assim que a identidade brasileira existe, e isso mais nitidamente para as raças ditas "puras". Se o parisiense existe, o brasileiro mais ainda. Os políticos brasileiros têm razão de sustentar que o Brasil é um e que são os estrangeiros, os turistas, que vêem nele cem. Se vêem cem, é porque não encontraram o centro da personalidade brasileira. Talvez eu também não a tenha encontrado, mas sinto que existe. Ela me seduziu.

Um amigo nos avisa que em Belém vive uma importante comunidade judaica oriunda da florescente colônia marrana[17] de Pernambuco. Ele nos explica que a expressão "Pega o judeu!", usada como grito de guerra – quase de caça – no falar e na literatura popular (a literatura de cordel), é às vezes sinônimo de "Ladrão!" (*Pega ladrão!*). A alusão ao "judeu" é freqüente na língua falada no nor-

16. Criação do SPI (Serviço de Proteção ao Índio) pelo Marechal Rondon em 1903, substituído pela Funai (Fundação Nacional do Índio), em 1967.
17. Esses judeus convertidos chamados "cristãos-novos" imigraram com os primeiros colonos portugueses e prosperaram na exploração do açúcar. Eles foram seguidos pelos imigrantes das comunidades judaicas da África do Norte, marroquinos principalmente.

deste brasileiro, para dar uma conotação negativa. Assim, um dia de insucesso, quando nada dá certo, é chamado "dia de judeu", um dia que começa mal, com um sol incerto, evocará a expressão "morreu um judeu". Isso pode surpreender num país onde paralelamente à tolerância racial, a compreensão religiosa sempre foi a regra. O Brasil é um dos raros países sul-americanos de predominância católica onde florescem os mais diversos cultos e seitas. A continuidade da tolerância está talvez relacionada com a herança de Portugal, onde a predominância do sangue semita é histórica. O filósofo Miguel de Unamuno conta uma anedota que ilustra essa ausência de preconceito nos portugueses. Quando o rei Manuel de Portugal quis desposar uma princesa espanhola, deram-lhe a entender que deveria primeiro expulsar todos os judeus de seu reino. Ele consentiu, mas conta-se que Dom Miguel, seu primeiro ministro, apresentando o decreto de expulsão para que assinasse, ter-lhe-ia perguntado: "Qual de nós dois deve partir primeiro, Vossa Majestade ou eu?".

Assim, os judeus sempre foram recebidos com uma espécie de amizade distraída, que se pode mal qualificar de "tolerância", pois os brasileiros não vêem neles nada de particular a tolerar: são homens como os outros.

O psicanalista Octavio Souza observava judiciosamente que o Brasil, contrariamente à puritana e intransigente América, não precisa construir paraíso no futuro, já que ele é o *paraíso desde sempre*, bem antes de sua invenção moderna pela Europa. Sejamos claros: Souza não diz que *paraíso* e *bordel* sejam sinônimos. Aliás, as construções não se parecem. Ele diz mais ou menos que a felicidade, fantasia sublime, consiste talvez em deixar vir a si e para o outro o gosto do mundo e das coisas. Daí a fomentar – se formos ainda capazes – uma revolução dos espíritos atrás dos "velhos parapeitos" europeus antes que se extingam "os fanais consoladores da velha esperança". Como dizia Segalen (já no século XIX!): "Não nos gabemos de assimilar os costumes, as raças, as nações, os outros; mas ao contrário, alegremo-nos de não poder jamais fazê-lo, reservando-nos assim a durabilidade do prazer de sentir o Diverso".

Saudade. Seria preciso fazer uma antologia das definições propostas pelos literatos, ensaístas, para definir esse sentimento enigmático.

Banalmente, a *Enciclopédia Universal* propõe: "a nostalgia, o lamento melancólico de uma felicidade longínqua, perdida ou inacessível" e "variações narcisistas sobre a solidão e o lamento".

Em *Lexique*, Jean Grenier escreve: "Em português: nostalgia misturada com ternura. 'Encontrei uma boa definição – diz Vieira da Silva – no título de Proust: *Em Busca do Tempo Perdido*'. Em alemão *Sehnsucht* é uma nostalgia mesclada com ardor".

O conde Keyserling, em suas *Meditações Sul-americanas*, define como um "advir e morrer". Jean Baudrillard: "O desaparecimento não é morte, e a tristeza do desaparecimento não é a do luto. Assim a *saudade* não exprime o luto pelo que morreu, mas a nostalgia do que desapareceu, com (como para Sebastião e o Quinto Império) uma luz de ressurreição". Poderia ser essa estátua de um exilado chorando pela parte distante, realizada pelo português Soares dos Reis em Roma em 1870 – a mais célebre peça de escultura de um país que vai buscar em seu passado romano uma razão de ser nacional.

Invertendo essas tonalidades lânguidas, Clarice Lispector faz da saudade uma sede de vida, uma bulimia cheia de exuberância:

Saudade. Saudade é um pouco como a fome. Ela só passa quando se come a presença. Mas às vezes a falta é tão profunda que a presença é pouca coisa: queremos absorver a outra pessoa inteira. Esse querer um outro que tem um ser por uma união total é um dos sentimentos mais urgentes que temos na vida[18].

Para mim, é esse *punctum*, esse aperto no coração ao escutar algumas composições de Jobim (*As Praias Desertas, Retrato em Branco e Preto, Dindi*).

Melancolia portuguesa. Gilberto Freyre, uma autoridade inconteste, afirmou que se os primeiros colonos não tivessem mandado vir africanos para alegrar suas colônias, toda a aventura brasileira ter-se-ia esvaído em simples tristeza. A melancolia, que é a verdadeira sensação do tempo, é a garantia da alegria. Sem ela, impossível compreender os tambores, as palhetas do carnaval que não servem senão para espantar por um instante pensamentos obscuros e tristes; nem a incomparável e melancólica *bossa-nova*. No entanto, os próprios africanos sofriam de tamanha nostalgia de sua terra no Novo Mundo, que havia uma palavra para isso: *banzo*, uma espécie de *saudade* negra. Quando se tornava insuportável, alguns se jogavam no mar pensando encontrar a pátria a nado e acabavam se afogando; outros se suicidavam comendo terra e cal (essa "geofagia", que se considerava então como um vício abominável, era também praticada pelos índios escravos).

18. Clarice Lispector, *A Descoberta do Mundo* , p. 208.

Graças à prodigalidade da natureza, profusa, luxuriante, generosa (diz-se correntemente que basta jogar alguns grãos na terra para colher o cêntuplo), os brasileiros sentem uma angústia existencial que é o exato oposto daquela de Roquentin, o personagem de *A Náusea*: nunca é demais. Eis porque são habitualmente generosos. E excessivos, aliás. Eles raramente poupam, e gostam tanto de dissipar quanto de dilapidar seus bens (assim é com esse formidável donativo que é a instituição do Carnaval). Contrariamente aos povos do sul da Europa, quando se gosta de gastar não é por ostentação, para "pôr aos olhos de todos". Não é para seduzir. Mas por espírito altruísta. Se você tem a infelicidade de cumprimentar um brasileiro por um objeto, uma bobagem que lhe pertença, terá a felicidade de ouvi-lo dizer: "Pegue, fica para você!" Daí a surpresa dos franceses, sempre parcimoniosos nas porções no restaurante, em ver que um prato pode contentar facilmente quatro pessoas. A abundância dos cafés-da-manhã nos hotéis é legendária, e as simples pizzas, simplesmente monstruosas. O rodízio infernal das carnes mais variadas, oferecidas à vontade numa churrascaria, já desconcertou muita gente. Desperdício? Não, a felicidade está em ter sempre mais do que o necessário. Esse excesso de bem-estar é a apoteose de uma sociedade que honra aquilo com que Deus a contemplou (clima, alimentos, beleza da natureza). E a elegância dessa generosidade destaca ainda mais a vulgaridade do *doggy bag* americano.

Muito se glosou sobre a cultura antropofágica, maneira irreverente de exprimir a grande capacidade do povo brasileiro, como afirmava o tropicalismo[19], em assimilar contribuições, influências, elementos culturais "estrangeiros" (termo já no limite da obsolescência) sem notar que estava já inscrita num dos mais antigos textos fundadores da nação, o *Sermão de Santo Antônio ao Peixe,* pronunciado em 1654 pelo escritor Padre Antônio Vieira. Nesse texto barroco, cheio de ardor e de humor, Padre Vieira, dando a palavra ao *Mundo do Silêncio,* mostra-se um verdadeiro profeta denunciando um princípio que se afirmará como processo *civilizacional* no Brasil e se generalizará com a retórica liberal: os peixes menores serão sempre devorados pelos grandes e somos todos canibais. *Sic transit gloria mundi...*

"O Brasil não é um país sério". A frase é do general de Gaulle. Ela ficou gravada na mente dos autóctones. Alguns ficaram desconfiados, mas, para a maioria, essa opinião faz sorrir; até concordam um pouco. No fundo, o Brasil é um país sério à sua maneira: não ser sério é uma maneira de existir em extravagância, alegria de viver, em que o elemento humano prima sobre o resto, seja ele qual for. Para um brasileiro, o conhecimento abstrato, os princípios, o dever, a obediência, as resoluções pertencem a uma ordem abstrata ineficaz diante da vida. E o que conta é a expressão do rosto do outro e o que eu sou em seu pensamento. O mais importante de tudo é não perturbar essa imagem. A sua maneira, existencial, o brasileiro é "lévinassiano": a

---

19. Último sopro dos grandes movimentos artísticos e principalmente musicais, antes do endurecimento da ditadura e do advento de um novo período da história nacional, que começou pelos anos de 1970.

exemplo do filósofo que seguramente mais longe foi sobre uma filosofia do escrúpulo, de uma responsabilidade ilimitada para outro homem, o brasileiro se esforça em manter a presença absoluta de outrem e viver *nos* outros.

Começamos a temer o dia em que esse escrúpulo não fizer mais sentido, em que o mundo no qual o tato, a delicadeza, a contenção, a solicitude, a amenidade ainda encontram algum eco, estiver transtornado. Esse dia talvez não esteja muito longe.

Como prefere a espontaneidade de seu próprio ritmo à falsa harmonia das leis sábias e dos esquemas mecânicos, como detesta as soluções violentas (despotismo, militarismo) e não ambiciona o prestígio de país conquistador, enfim, como deseja ser o país mais afável e acolhedor do mundo, o Brasil, para impor-se no exterior, formou para si a imagem de um gigante cheio de bonomia superior em relação às nações. Estas lhe remetem um olhar, na melhor das hipóteses, cheio de uma condescendência divertida e, na pior delas, de uma perplexidade tingida pelo ceticismo.

Os brasileiros são cheios de irreverência e ao mesmo tempo infinitamente políticos. Eles têm na música um sentido da harmonia, e, na vida, um sentido do contratempo.

Sutil e precavido, o povo é hábil em fazer do ordinário exceção e das bizarrias regularidades. É assim que a Sociedade dos Anões do Brasil é a mais poderosa do planeta, a mais alegre e astuciosa. Para seus membros, o tamanho de um humano varia de um metro a um metro e vinte. Aqui e ali, alguns gigantes podem chegar ao ápice de um metro e cinqüenta. No entanto, todos os que ultrapassam o metro e sessenta são doentes, degenerados, deficientes profundos, mal-e-mal mereceriam ser chamados de homens.

Por sorte, os anões do Brasil são tolerantes: não têm raiva desses pretensiosos que os medem de cima a baixo, do alto de seu metro e setenta. Lamentariam por eles, afinal, são desafortunados que contêm um gene de má fabricação e esse gene os faz crescer, crescer estupidamente e não sabem como parar. Os anões têm a felicidade das pessoas modestas: adeptos da moderação e dóceis aos desejos de Deus, preferem interromper seus crescimentos a alturas razoáveis. Assim, o anão brasileiro é um anão feliz. Exemplo famoso: Aleijadinho, escultor de gênio anão, leproso, e, além disso, filho de mãe escrava negra! Quem disse que um homem anão de talento não pode fazer traçar seu caminho no Brasil?

Muito se glosou sobre o Brasil terra de contrastes que passa de um extremo a outro etc. Essas anotações e observações poderiam levar a pensar que temos do Brasil uma visão idealizada e eufórica, cega à profunda violência social que está sob sua parte luminosa, cintilante. Não seja por isso. Há aqui *tanto* sinais de felicidade *como* de infelicidade. São, aliás, os mesmos e aprendemos – exercício saudável de "transvaluação" dos valores – a não mais desempatá-los.

Lembremos que ao todo, na América, durante o século que se seguiu à primeira viagem de Colombo, a morte dizimou, segundo estimativas, de sessenta a cem milhões de ameríndios (por uma complexa casualidade de ação humana violenta e de proliferação de micróbios).

Cinco séculos mais tarde, na atmosfera nociva que precede as guerras anunciadas, em que a crônica do ódio encontra um eco sinistro, existe um espaço espiritual para refletir sobre ela, avaliá-la e condená-la. Vozes antigas nos lembram que, se as ideologias podem tudo justificar, a moral só resiste, quando se enraíza no homem, na irredutível dignidade da pessoa.

Assim Montaigne: "Tantas cidades arrasadas, tantas nações exterminadas, milhões de povos passados no fio da espada, e a mais rica e bela parte do mundo transtornada pela negociação de pérolas e de pimenta! Vitórias mecânicas" (*Ensaios*, 1595).

E pouco antes dele, Bartolomé de Las Casas, em *Historia de las Indias*, dominicano espanhol do século XVI (1474-1566):

> Dada a convicção (errônea) dos idólatras de que aquelas divindades que honram são o verdadeiro Deus, não somente eles têm o direito de defender sua religião, mas também o direito natural os obriga a isso [...]. Pois a consciência errônea liga e obriga tanto quanto a consciência correta.

Esse pensamento sem a mínima concessão faz mais do que fundar o Direito das Pessoas, funda a dignidade ontológica da pessoa. Ela nega que o progresso legitime as violências.

A voz de Hannah Arendt não diz outra coisa quando, fazendo análise do totalitarismo, ela designa o imperialismo como sendo sua origem oculta, qualificando-o de "etapa preparatória das catástrofes vindouras". O que faz lembrar que a deportação e escravização de dezenas de milhões de negros, os massacres das populações indígenas – esses crimes de massa – preparavam outros, resultado lógico do sentimento de superioridade biológica[20]. Michaux ainda: "Haverá ainda uma guerra? Olhem-se, europeus, olhem-se. Nada é pacífico em sua expressão. Tudo é luta, desejo, avidez. Mesmo a paz, vocês a querem violentamente"[21].

A maioria das ilhas descobertas pelos portugueses e espanhóis no Renascimento aconteceu quando estes seguiam os pássaros. Os pássaros gostam das ilhas, pois são habitualmente pacíficas. Em Tristão da Cunha, não se conhece nenhum predador de pássaros, nem de minhocas, nem de taturanas, nem lesmas, nada de répteis.

Temos sempre tendência em considerar o sul como a ausência do norte. Ora, o sul é também o não-norte. O norte conseguiu a opulência material, mas não soube construir sociedades racionais onde o indivíduo fosse considerado como um ser social. Encontrou os segredos do dinamismo, mas o sul inventou a humanidade do *estatismo*. Calculou-se a jornada dos camponeses mais pobres do Brasil: um terço para o trabalho, um terço para o social, um terço para o lazer. A prioridade é manter em alerta as redes de sobrevivência. Assim, a alternativa do sul é um escândalo para o pensamento ultraliberal, são vagabundos (eternos "maus alunos" para os grandes empreendedores do planeta), o sistema divergente. Os movimentos populares de liberação são uma antítese

---

20. "A humanidade atinge sua maior perfeição com a raça dos brancos – os índios já têm menos talentos, os negros estão situados muito abaixo". Immanuel Kant, *Géographie*, Paris: Aubier, 1999, p. 108.
21. *Un barbare en Asie*, Paris: Gallimard, 1986, p. 214.

das revoluções européias: eles são aplicados contra o Ocidente em nome da igualdade e da liberdade individual. O resultado é uma sociedade fundada no relacional, uma sociedade de igualdade e de gestão da penúria (é a força dos fracos), um mundo libertário e feroz em que o indivíduo, mantido por uma rede de obrigações sociais às vezes impositivas, nunca tem tempo para si mesmo. Essa cultura que se identifica como subdesenvolvimento, como uma fatalidade que desespera todos os cooperativos, é também uma recusa, um revide. A cultura do sul desaparecerá, sem dúvida, mas não sem ter contaminado o norte, pois como dizia W. H. Auden "Em todo lugar em que há uma forte desigualdade, os pobres corrompem os ricos[22]". Nós o vimos com a música e os movimentos carismáticos, e o vemos agora com a questão da igualdade e de solidariedade no Fórum Social Mundial de Porto Alegre. O fracasso do igualitarismo comunista oriundo da Revolução Francesa não suprime a tendência igualitária cujos avanços são irresistíveis.

Uma fotografia singular apareceu na imprensa quando das celebrações oficiais do 500º aniversário da "descoberta" do Brasil pelos navegantes portugueses em 1500. Ele mostra um grupo de indígenas atirando flechas no relógio (patrocinado pela rede Globo) que marcava os dias e as horas do centenário. Esse exemplo latino-americano traduz, recentemente, de maneira surpreendente, no terreno contestatário, a aspiração de um povo em interromper, por um gesto altamente simbólico, o curso catastrófico do

22. Wystan H. Auden, *Marginalia – Shorts II,* Paris: Rivage, 1976, p. 129.

mundo. Ele faz estranhamente eco ao ato dos insurgidos de 1830, que atiravam nos relógios durante a revolução, afirmando, pelo mesmo gesto, a consciência de que sua ação quebrava em cacos a continuidade histórica. Esse episódio revolucionário é evocado na tese XV de *Sobre o Conceito de História*, o último escrito de Benjamin antes de se suicidar em 1940. Benjamin faz a crítica da concepção homogênea do tempo, identifica a dos relógios como temporalidade vazia. Tempo puramente mecânico, automático, quantitativo, sempre igual a si mesmo: um tempo reduzido ao espaço. Esse tempo do relógio, que dominou a civilização industrial/capitalista de maneira crescente desde o século XIX, substitui progressivamente o tempo carregado de significações qualitativas das sociedades pré-capitalistas. Em Benjamin, essa concepção do tempo histórico tem suas origens na tradição messiânica judaica: para os hebreus, o tempo não era uma categoria vazia, abstrata e linear, mas um tempo carregado de memória que se atualizava em seu calendário e em suas festas de rememoração dos acontecimentos redentores (o êxodo do Egito – *Pessach*, a revolta dos Macabeus – *Hanucá*, a salvação dos exilados na Pérsia – *Purim*). Assim, o ato de atirar nos relógios representa simbolicamente essa consciência. Aqui não é o calendário que confronta o relógio, mas o tempo histórico da revolta como uma interrupção efêmera da continuidade histórica, fissura no coração do presente. É a tentativa de parar o curso catastrófico do mundo graças a uma suspensão do tempo, em que se imagina a possibilidade ardente de que enfim venha a justiça – como Josué havia feito, segundo o *Antigo Testamento*, suspendendo o movimento do sol, para ganhar o tempo necessário à sua vitória. Essas flechas atiradas pelos índios são como faíscas provenientes de um curto-circuito, explodem em cacos o conformismo das comemorações oficiais, respeitosamente organizadas pelo governo do Brasil, para atualizar esperanças ou aspirações vencidas, reabilitar combates esquecidos ou julgados "anacrônicos" e "na contracorrente do progresso".

Tristes trópicos. As recentes eleições presidenciais[23] viram a publicação de uma fotografia não menos surpreendente que a anterior: um índio posa orgulhosamente com seus mais belos enfeites (grande cocar, colares, tatuagens festivas) diante de uma urna eletrônica na qual (propaganda ou realidade) pode-se ler: "Vota Brasil – a democracia passa por aqui".

Na semana que precedia as eleições, a imprensa havia relatado um avanço tecnológico decisivo nas regiões incrustadas da Amazônica: a inauguração, via satélite, do novo sistema de ensino universitário a distância pelo reitor da Universidade de Manaus, capital do Estado do Amazonas. Os cursos magistrais são ministrados em treze municipalidades da selva, conectados por fax, telefone e Internet; as perguntas dos estudantes ao conferencista são transmitidas em tempo real para Manaus. Essas localidades, orgulhosas de seu "Centro Municipal de Informática", equiparam as comunidades indígenas com alguns PCs alimentados por grupo eletrógeno...

Se a "civilização" ataca, sua invasão não se faz sem obstáculos ou contradições. Assim, o correspondente de um jornal francês mencionava recentemente que em Belém do Solimões, na maior aldeia indígena de todo o

---

23. Eleição presidencial de 2002.

Amazonas, a cachaça devasta e as querelas são resolvidas a facadas. Ao mesmo tempo em que uma a cada três famílias possui uma antena parabólica, as crianças são maltrapilhas e o posto de saúde completamente desequipado. Quanto ao progresso que chega, "inevitável" – segundo dizem –, a maioria não está pronta a assimilá-lo e alguns raros grupos ficam miraculosamente indenes. Assim, o irredentismo da vida "selvagem" sobrevive a quatro horas de barco entre os apavorantes corubos, dos quais nem a modernidade nem os missionários conseguiram se aproximar, e, pudera: eles são famosos por fraturar o crânio dos intrusos ávidos por explorar madeiras em suas florestas. Assim como os *Jivaros*, vivem nus, atacam e matam tudo o que não é corubo, com exceção das mulheres. As mulheres podem servir para alguma coisa.

O Brasil é tão grande que não pode cair num buraco. Adágio sul-americano com o qual os brasileiros exorcizam o espectro da bancarrota e diabolizam o fracasso argentino, considerado como o maior fiasco da civilização européia: homens e mulheres "de bem em todos os sentidos", isto é, pertencentes à classe média educada, na maioria honestos e representantes da "pequena burguesia planetária[24]", condenados a vasculhar lixos, encurralados na mendicância, numa palavra: desclassificados. Quarta democracia do planeta e maior país da América Latina, o Brasil tranqüiliza-se dissimulando o pior, como uma criança que canta no escuro; preocupado, observa que os acontecimentos evoluem geralmente segundo a

24. Segundo a expressão de Giorgio Agamben, *La Communauté qui vient*, Paris: Seuil, 1990, p. 64. (La librairie du XXe siècle)

lei de Murphy: "Tudo o que está fadado a acabar mal, acabará mal". E apesar de toda a esperança, aceita, com um ligeiro sorriso, essa parte enigmática que faz fracassar qualquer projeto e exige deixar para todas as coisas a possibilidade de não acontecer.

Suíte Brasileira III
Travelogue

Viajar é responder a um chamado. Fora, exterioridade, alteridade radical, salto ao inaudito, estética do diverso (Segalen) etc. Mas só podemos responder se aceitarmos lançar mão de nossa faculdade de "descentramento", de "desprendimento de si". Ora, na nossa sociedade, tudo é feito para nos isentar do duro dever de sair de nós mesmos: em nome de uma suposta criatividade inata, de uma autenticidade irresistível, tudo favorece para nos fazer ficar "ensimesmados". Quem não sabe que o direito de ser "si mesmo", de levar bem alto o estandarte de seus "valores", nos confina insidiosamente na redução de um provincianismo limitado? E ainda nos demos por felizes quando este não está também cheio de arrogância para produzir aquele turista que pensa ser livre, autônomo, com um copo na mão no terraço de seu hotel, bem protegido, observando com comiseração o quão lamentável é o fato de a beleza brasileira ser carregada de violência, explorada sem organização pelas oligarquias arrogantes, paternalistas, machistas, repletas de mentira americana ou de utopia européia. Ele não estará errado e confortará, sem gastar nada, seu etnocentrismo e seu medo do sonho. Será, no entanto, que chegaria a tocar o elemento capital, isto é, o *exotismo*, não o dos cartões postais, mas o de uma postura que garante o gozo de todos os instantes, através do qual se elaboram a vida sensual dos signos, as esperanças mais loucas e as mais radicais soluções de vida? Quando viajamos, não descobrimos outros países, mas outros estados de liberdade. Respirar o ar estrangeiro é proporcionar-se uma desintoxicação: dar as costas ao maso-patriotismo do país de origem. Psiquicamente, não se pode mais ser encontrado no próprio endereço natal.

Boeing 737. Grande cego que atravessa o céu Atlântico. Se tivéssemos a cabeça enfiada num saco seria parecido. Que é feito das nuvens maravilhosas, de seus cenários fantasmagóricos? Do mundo cerrado das estrelas, da lua – tão luminosa nessa atmosfera rarefeita –, não levaremos senão um frio reflexo metálico na asa. Como disse Henri Michaux: "Sempre se colocar acima da natureza, jamais dentro". Paradoxalmente nos consolam (asseguram?) por esse "corte semiótico" com mais abstração ainda: um aviãozinho ridículo traça, tremelicando, sua rota virtual sobre o mapa da tela do vídeo, informando-nos nossa posição, velocidade, altitude, temperatura externa (para quê?) e hora prevista para a chegada, com uma obstinação pedagógica das mais chatas. Teremos percorrido 9.600 km e não teremos visto nada. Alguns solavancos, alguns buracos no ar, enjôo; numa palavra, nada! nada! Compreende-se que muito dos passageiros tenham medo de acabar no fundo da água. É o que merecem.

146

Tempos mortos.

O transporte de nossos corpos dentro do avião.

As estadias nos hotéis, a folga e o *far niente*.

A espera antes dos traslados. A volta da excursão, o retorno do aeroporto.

Depois do esforço físico (a natação, a corrida), a vacilação à margem da sensação de ser.

A reconexão com o mundo depois do sono.

Quando levantamos a cabeça após a leitura de um livro.

O tempo morto é a medida para nada no andamento da existência. O "intervalo morto" na música. O momento da alternância entre duas polarizações; essa latência entre tempo excitado e tempo refratário, entre fome e saciedade, entre desejo e frustração, entre crise e remissão. Entre *On* e *Off*. É o tempo da maturação, o tempo da incerteza, o tempo da disponibilidade, o tempo das opções divergentes que se deve poder confrontar um com o outro.

Para alguns é um lugar geométrico e temporal secreto, eles estão sempre "presentes estando noutro lugar". No ângulo morto, no "ponto repouso" (*still point*) do mundo:

> No ponto repouso do mundo que gira.
> Nem carne nem privação de carne;
> Nem vindo de, nem indo para;
> No ponto repouso, ali está a dança;
> Mas nem parada, nem movimento[1].

---

1. Thomas Stearns Eliot, Burnt Norton, *Quatre Quatuors, Poésie*, edição bilíngüe, tradução de Pierre Leiris, Paris: Le Seuil, 1976, p. 161.

Aporias da viagem. O poeta brasileiro Mário de Andrade, volta do Amazonas: "Caramba, não fui feito para as viagens!". Gilles Lapouge em *Equinoxiales*[2] confessa modestamente:

> Eu não vou contar que fui ao Amazonas. Mal dei uns passos em suas nuvens. Eu nem mesmo abri a cortina de árvores que a esconde. Se acreditei por um instante adivinhar alguma coisa, era uma sombra, uma floresta como um fantasma, um tremor sob um véu e que fanfarrões esses que conhecem a Amazônia, será que se conhecemos o mar?

Henri Michaux, ao longo de toda sua narrativa *Ecuador*, pergunta perplexo: "E essa viagem, onde é então?", e desapontado: "Ah! Realmente é isso o mundo?" para constatar: "Nenhuma região me agrada: eis o viajante que sou". Chegando à embocadura do Amazonas, que era supostamente o objetivo da aventura, o chamado à ordem do real chega, impiedoso: "Estreitas e numerosas passagens de um a dois km de largura, eis tudo. Mas onde é então o Amazonas? – pergunta-se – e nunca se vê mais que isso. É preciso subir. Precisa-se de avião. Então eu não vi o Amazonas. Não falarei dele". Algumas páginas depois, a lição desse fiasco fora tirada:

> Agora tenho minha convicção, essa viagem é uma gafe. A viagem não torna tão aberto quanto mundano o "errante", devorador do lado interessante, premiado, com o ar estúpido de quem faz parte de um júri de concurso de beleza. Com jeito esperto também. Não adianta. Encontramos do mesmo modo nossa verdade olhando 48 horas uma tapeçaria de parede qualquer.

2.   Paris: Flammarion, 1992.

O que está dito está dito. Se a realidade externa é decepcionante, ao menos oferece ao escritor a confirmação dos poderes triunfantes da realidade interior que sustenta "o gongo fiel de uma palavra". Terá sido necessário esse desvio, esse desafio do indizível, lançado pela singularidade do mundo, para aprofundar a ausência que põe em movimento a escrita, fazendo surgir de sua fonte os mecanismos da criação, na qual se afirma já certa preeminência desses "espaços íntimos", cuja exploração dará a obra tal como a conhecemos.

Percorrendo na livraria as prateleiras que lhe são dedicadas, parece-me um pouco suspeita essa paixão coletiva e tão masculina dedicada aos escritores viajantes (*travel-writers*[3]), à literatura juvenil (de escoteiros), aos índios e piratas, aos aventureiros de grandes percursos. Todos aqueles meninos de outrora, fiéis aos seus sonhos e leituras de infância, encontram-se freqüentemente de roupas de calor e de coturnos nos festivais, de Saint-Malo a Bamako; evocam um rito iniciático Bambara; comentam faixas pintadas numa piroga, ou admiram mosaicos afegãos, como trocavam antes figurinhas de jogadores de futebol no pátio do recreio. Conforme o estereótipo que faz com que nossa época venere a ubiqüidade espacial – viagens, *zapping*, *web* –, o que constitui a dimensão horizontal de nossas vidas, todos esses meninos crescidos admiradores de Stevenson excluem, sem per-

---

3. A palavra inglesa *travel*, gostava de lembrar Bruce Chatwyn – o iniciador da escola anglo-saxã, do *travelogue* (relato de viagem) –, é etmologicamente a mesma que a palavra francesa *travail*, que significa "suplício".

ceber, a faculdade de raciocinar sobre as gerações, que é seu eixo vertical. Eles mandam embora os sedentários chatos, os caseiros medíocres ao abrigo de seus retiros, onde, não desprezando nenhum dos dois eixos, põem a distância as loucuras de seus tempos, preocupados em nomear nossas brumas interiores, despertar nossas almas adormecidas numa forma única em que a vida escrita, enraizada, desdobrada, não faça quase nenhum barulho como desejava um certo Marcel Proust. Perpetuando e renovando a vida das Formas, escolhendo viver livremente a serviço do que se gosta e que merece ser apreciado, os grandes escritores traem cruelmente sua época, que lhes retribui da mesma maneira e espontaneamente põe-se a degradá-los ou ignorá-los. Nisso também, em vários sentidos, eles vivem "perigosamente".

Como mostrou o romance de Michel Houellebecq, *Plataforma*, toda forma de turismo é sexual e todos os corpos exóticos são mercadorias, porque o turismo é por definição ocidental e o Ocidente contemporâneo agoniza num esgotamento libidinal e ontológico absolutos. Se este livro provocou escândalo, é por ter feito o turismo confessar o obscuro segredo que sua indústria camufla sob as tartufices do tipo "turismo respeitoso para com o outro", "turismo responsável", e outras "viagens éticas". Há sob essa fraseologia *politicamente correta* a vontade deliberada de colocar-se uma pseudoconsciência, destinada a identificar fraudulosamente esse *bizness* com as mais altas exigências da moral. Trata-se de esconder que o turismo é, por definição, de todas as ações de devastação de nosso tempo, uma das mais culpáveis. Essa falsa consciência tem uma outra função, solidária com a primeira; permite mascarar o que o romance de Houellebecq desvela cruamente: a implacável agonia do homem europeu. O sintoma mais patente dessa agonia reside precisamente numa de suas atividades mais frenéticas: a viagem. O homem europeu quer viajar. Ou melhor, conseguiu-se persuadi-lo a viajar. Aliás, ele não tem escolha, pois no Ocidente, como lembra o narrador do livro, as camas são frias e seus ocupantes "não conseguem mais se deitar juntos". Além disso, tornou-se impossível obter paraísos artificiais. Por múltiplas razões (ligadas ao narcisismo, ao sentimento de individualidade, ao culto da performance...) a vida fugiu do Ocidente. O processo é fatal: não se fica mais num continente que está naufragando, só resta tentar deixá-lo e ir, sob outros céus, fazer transfusão de sangue novo, tomar "lições de concreto" com os povos "ainda reais", com seus riscos e perigos, obviamente[4].

Outrora se arriscava a vida nas Índias ou nas Américas para trazer bens que nos parecem hoje irrisórios: o *cahu-tchu* ("madeira que chora"), a madeira de brasil – madeira de tinta "cor de brasa", isto é, vermelha (daí Brasil), pimenta, pela qual, nos tempos de Henrique IV, se tinha tamanha loucura a ponto de a Corte colocá-la em grãos para mastigar nas *bombonières*. A elasticidade de uma matéria, o calor visual de um tom, o chacoalhar olfativo e essa queimadura deliciosa na língua acrescentavam um novo registro ao registro sensorial de uma civilização

---

4. Não sendo o mínimo, como mostrou Bernard Stiegler em *De la misère symbolique – L'époque industrielle*, que o "turismo tornado industrial, arruína o olhar do viajante tornado consumidor de um tempo desbotado".

que não desconfiara de sua insipiência. Há cinqüenta anos, Lévi-Strauss perguntava-se sobre a natureza dos temperos morais que os exploradores ou gigantes modernos trazia sob a forma de relatos ou fotografias, para "despertar" nossas sociedades que já se sentiam afundar no tédio. Hoje, os fluxos estão invertidos. Sob o impulso dos universais simbólicos do consumo e da informação, uma classe transfronteiriça (que alguns batizaram de "MacMonde") provou do fruto europeu. Mais do que não conseguir ficar sem isso, ela é dele uma servil propagandista. A civilização européia é uma religião. Nenhuma outra lhe resiste. O que é mais cobiçado em São Paulo é o telefone celular, os DVDs, Internet e outras maravilhas tecnológicas. A civilização ocidental nunca tentou nenhum povo antes (com exceção de suas elites). Quase todos os povos podiam ficar sem conforto, mas quem pode ficar sem diversões e publicidade (*infotainment*)? Pode-se encontrar nos cafundós das "terras indígenas" da Amazônia jovens índios sob influência televisiva com os cabelos tingidos de loiro, orelhas furadas e aparência de cantor de *rap*. É o Big Brother (*reality show* da Globo) entre os Yanomami, mas isso não faz rir. O computador, o satélite, o telefone são os verdadeiros missionários do Ocidente. Seja no Rio ou nos confins amazônicos, os jovens só se ocupam dos padrões de vida americanos. A civilização é a conversão à América, as outras regiões do mundo são países para viagens de prazer, países resignados e sem credo. Entre estes últimos, a França, inchada de Estado-providência e crivada de queixas ao Prozac.

Pode-se legitimamente perguntar onde estão as espécies novas, ricas – e ameaçadoras pela vivacidade – que permitiriam variar e revigorar as sementes de nossas velhas culturas e, se preciso, em última instância, decidir aceitar, como dizia Lévi-Strauss, "a terrível evidência de que vinte mil anos de história se passaram".

Há uma concepção literária do mundo e um conhecimento do mundo pela literatura que oferecem certas afinidades com a viagem. Como esta, a literatura é esse espaço raro no qual o sentido se despe da univocidade, que vemos quando das trocas práticas e necessárias da vida cotidiana (e *a fortiori* profissional), e reveste a estrutura complexa, polifônica, contraditória, estratificada, que sem dúvida lhe é consubstancial. Assim como na experiência do exotismo (no exato sentido do termo), *a pertença* se desfaz. O sentido banal do mundo e por isso desencantado, ao qual corresponde um eu solidificado, estereotipado, seguro de suas curtas certezas, sofre um *abalo*. Um descolamento acontece com relação ao sentido, que o regime literário, bem como o desenraizamento da viagem, consegue manter a distância, não reivindicando, não assumindo por si mesmo. Assim como o viajante não assimila totalmente o que vê, o que vive, nem o autor nem o leitor aderem completamente ao que está escrito e ao que é lido. O distanciamento, físico e cultural para a viagem, cabe quase que exclusivamente ao que se chama globalmente de *ficção* em literatura e de *metáfora* em poesia; herdeiras das religiões, do mito, das lendas, é por seu viés que penetra tudo o que implica uma crença não-crença, um tremor dos sentidos, um *jogo* no seio da pessoa e da significação. É dada ao sentido toda a liberdade para brincar.

Essa "concepção literária do mundo" está se extinguindo rapidamente entre nós. É o imenso mérito de

Pascal Quignard, em seu livro essencial e magnífico, *Retórica Especulativa*, de ter traçado, paralelamente à tradição filosófica, e contra ela, a tradição propriamente literária como instrumento rival de conhecimento e de reflexão. Ele define essa tradição letrada como "aquela em que a letra da linguagem é tomada à *littera*", ao *pé da letra*. Não se deve entender *à littera* como "à letra", ou, pior ainda, "ao pé da letra". Pois, erro fatal, se posso dizer, foi ter justamente deixado a letra querer dizer *exatamente, rigorosamente*, sem a mínima hesitação do sentido. É quando a correspondência das palavras e das coisas é mais forte e o pensamento mais fraco. Aí começamos a divagar. Subestimamos indevidamente a letra. Esta é só um signo, uma convenção, decerto; mas é também, e principalmente, um instrumento altamente sofisticado de distanciamento e de suspensão do julgamento. Por ter esquecido essa evidência, o homem fez dela a fonte de suas preocupações, de sua intransigência dogmática, de seu fanatismo identitário (a ideologia do "É assim"), resumindo: de sua infelicidade.

Nathaniel Hawthorne escreveu: "Minhas emoções vêm sempre antes ou depois: e eu não posso deixar de invejar esses turistas mais felizes que conseguem fazer com que seus deslumbramentos aconteçam segura e precisamente nos próprios lugares". Acompanhando esse raciocínio e mesmo reforçando-o, eu diria que os valores trágicos próprios à alma são o *tarde demais* e o *logo em seguida*. Escrever é voltar ao local do crime, mas quando a vítima desapareceu e todas as pistas foram apagadas.

Paradoxalmente, essa fatalidade se revela como uma bênção. Pois escrever é – na ordem da lembrança – a busca da boa distância para falar do outro: nem perto nem longe demais, nem cedo nem tarde demais ("Minhas lembranças perdem o estilo se ficam a esperar", dizia Stendhal em uma correspondência para Herman Melville). Assim, essa correta apreciação colocada pela escrita, que é também uma forma da *atenção*, vai ao encontro de uma ética da civilidade, que outrora ter-se-ia chamado de *urbanidade*.

No poema "Esperando os Bárbaros" (1898), Cavafy coloca o problema paradoxalmente angustiante do fim ou da sobrevivência dos bárbaros:

(O povo) não teme mais o invasor, ao contrário, teme a ausência de invasores. A verdade eclode então, e ela é terrível: os bárbaros não virão, eles não virão jamais, não há mais bárbaros. Os cidadãos entendem, então, que precisam, por conseguinte, renunciar à toda esperança de mudança, de renovação: ei-los condenados à civilização perpétua.

Essas observações parecem encontrar um eco particular no momento em que a terra está ofertada, transparente, unificada, ubíqua e simultânea. Cortada por percursos turísticos cada vez mais fluidos; o espaço planetário reduz à côngrua a própria idéia de alteridade, a ponto de achatar todos os relevos culturais. A *museificação* galopante do mundo (da qual a França dá às vezes um exemplo caricatural) não diz outra coisa senão essa vontade de domesticar o surgimento da estranheza, do *estrangeirismo* do outro – seja ele temporal ou espacial. Como diz Gilles Lapouge em *Equinoxiales*: "Não há mais geografia secreta. Se nossos contemporâneos circulam o tempo todo, é porque não há mais o que ver. *Circulem – dizem os aviões – não há nada para ver!*"[5] por causa do telégrafo, do avião, depois da televisão, grandes repórteres da *National Geographic*, programas de sucesso (*Ushuaia, Faut pas rêver*, etc.), filmes de Cousteau, canais especializados no tema, como Planeta, Odisséia etc., nosso planeta entrou na "crise da dimensão". Michaux nos alertava já em 1928:

> Eu já disse antes. Essa terra está exaurida de seu exotismo. Se em cem anos não tivermos conseguido entrar em contato com um outro planeta (mas conseguiremos!), a humanidade está perdida. (Ou, então, o interior da terra?). Não há mais como viver, nós vamos estourar, fazemos guerra, todo o mal, não agüentamos mais ficar nessa casca. Sofremos mortalmente da dimensão de que estamos privados, agora que fizemos à saciedade a volta ao mundo[6].

Sem ilusões, ele acrescentava entre parênteses: "Essas reflexões – eu sei – bastarão para que me desprezem como um intelectual da quarta ordem". Setenta e cinco anos mais tarde o que era aviso desiludido de um intelectual de primeira ordem se tornou o pesadelo de nossa época.

Os caçadores esquimós alegam que caçam pelo prazer que sentirão, na volta, em calar o grupo. Fazer saltar o coração de todos pela impaciência da narrativa ("e então?") que conta o que aconteceu[7]. O turista viaja pelo prazer que terá na volta em impressionar o círculo social com suas fotografias ("Estive lá"): esse cúmulo de narci-

5. Grifos do autor.
6. Henri Michaux, *Ecuador*, p. 35.
7. Essa compulsão é tão forte que Primo Levi diz em *La Trève* que se seus companheiros de campo queriam voltar para casa, não era apenas por instinto de preservação, mas porque queriam contar o que haviam visto.

sismo aumenta nas mórbidas planícies do tédio coletivo que já não se agüenta, mas... Idem para o exercício de presunção social que é o cartão postal. Perfeitamente inútil, já que a euforia e o panegírico são um exercício de estilo obrigatório, tão detestável de receber quanto de escrever.

Que proveito tirar da viagem senão o de assumir totalmente a condição de estrangeiro? A estranheza dos estrangeiros, mas também nossa própria estranheza? Um idioma que não compreendemos, uma sociedade e um cotidiano que parecem nos rejeitar, céus que não nos viram nascer. Nada para nos confortar. A viagem quebra em nós uma espécie de cenário interior. Não é mais possível dissimular: ei-nos desnudos. A cortina dos hábitos, a tessitura confortável dos gestos e das palavras em que o espírito se apazigua se ergue lentamente e desvela a face pálida da inquietude. Ficamos reduzidos ao osso das coisas, e cada coisa nos remete a nossa angústia, a qual lhe dá sorrateiramente seu preço. O homem está face a face consigo mesmo. E é, no entanto, por aí que a viagem o *ilumina*. Um grande desacordo acontece entre ele e as coisas. Entre ele e essa parte de si mesmo à qual era acostumado e que não reconhece mais. Nessa falha, a música do mundo entra mais facilmente. Nesse despojamento de si, a menor árvore e o sorriso mais leve se tornam a mais terna e a mais frágil das imagens. De novo se aprofunda em nós, como que uma fome da alma, um fervor reencontrado: não estamos prestes a acolher os rostos dos homens enraizados em sua terra, os monumentos nos quais séculos se resumem. Por último, essa fração de nós mesmos desprendida da vida trivial onde rastejamos.

Para dar a cada ser e a cada objeto seu valor de milagre, foi-nos preciso pagar o imposto de um curto *abandono*.

É um de meus exercícios favoritos quando viajo: mudar de pele, pegar um destino-minuto, entrar na vida de um outro e trocar sua opacidade pela minha. As oportunidades são múltiplas para quem não se resigna em ser si mesmo e que, como o *Zelig* de Woody Allen, entra no molde ou no papel que lhe propõem. Os restaurantes, principalmente quando o serviço demora, são perfeitos observatórios da diversidade humana e favorecem esse exercício de compaixão. Assim era aquela pizzaria no centro de Manaus, onde parecia ter encalhado uma clientela de viajantes que não queriam se afastar de seus hotéis. As pessoas sozinhas são sempre mais interessantes: não solicitadas por uma conversação ou a presença de outrem, parecem menos protegidas. Um olhar que vagueia pelo salão diz mais do que uma conversa educada. Um gesto ligeiramente inesperado revela de repente uma existência com seu peso de fatalidade, suas dificuldades, suas falhas secretas. Pois uma mulher de meia-idade, nem feia nem bonita, parece saturada consigo mesma? Ela quase não toca nos pratos que pediu e fuma com precipitação, como para mascarar um tédio insondável. Ela se levanta e sai da sala como atrasada pelo fardo de sua tristeza. Seu olhar, onde se lê a faísca da melancolia, dá vertigem. Noto seus braços de pêlos espessos como os de um homem.

"A finalidade da viagem é a de sentir-se próximo dos Longínquos e consangüíneos dos Diferentes. Sentir-se em casa na concha dos outros. Como um bernardo-eremita. Mas um bernardo-eremita planetário", diz Jacques Lacarrière (escritor viajante).

Pequenos fatos a organizar no catálogo do "tarde demais" (como dizia Henry James):

– Não ter ido à ilha Fernando de Noronha visitar seus habitantes albinos;
– Não ter ficado sensibilizado pelo silêncio que emerge das residências abandonadas dos antigos senhores de Alcântara;
– Ter perdido as dunas de areia branca em Jericoacoara;
– Não ter podido comer pato ao tucupi e sua erva afrodisíaca (jambu), o prato mais célebre da gastronomia amazônica;
– Ter hesitado numa feira em São Luís em comprar aquele surpreendente isqueiro pré-histórico (espécie de peão num arco), que os índios utilizavam para fazer fogo;
– Não ter podido atingir o Brasil por aquilo que se parece menos com ele, o mar, e tê-lo abordado ao fim do vazio, como uma ilha.

"No man is an island [...]", escreve John Donne numa passagem de sua *Meditation XVII*. No entanto, a insularidade é uma segunda natureza, alguma coisa de incompreensível para os continentais. Por toda a minha vida, diverti-me verificando um certo número de leis a respeito das ilhas. Seu poder de atração é extraordinário e seu fascínio, sutil. Esses navios de rocha, florestas virgens flutuando nas águas dos mares ou oceanos, mergulham na letargia os que sabem ali viver ou exasperam os que não sabem se adaptar. O título de insular não se obtém sem uma longa ascese. Vê-se bem o que leva a deixar os continentes para viver nas ilhas: elas são pobres, vive-se ali então sem exigências, elas são ricas de belezas, vive-se então na ilusão. Elas são o teatro onde se encena às vezes o drama da escolha entre a verdade e a vida. *As Ilhas,* de Jean Grenier, fornece de modo lírico uma meditação transformadora dessa dolorosa relação. De longe, elas parecem mágicas, e as agências de viagem popularizam essa magia, mas enviam *intocáveis* que os insulares tratam com um desdém temperado pela cupidez, ignoram por preguiça ou agradam para mascarar uma realidade decepcionante. O exotismo é uma pacotilha como as outras. Prometem-se coqueiros inclinados numa praia de areia branca. E essa areia está cheia de carrapatos cuja infecção subcutânea é terrível; rochedos nus onde a pele dos citadinos resseca ao sol. Nunca alguém nos promete seres humanos *diferentes,* a única verdadeira riqueza das ilhas. Anos são necessários para a descoberta de um tipo de homem secreto – a cara fechada dos pescadores de Sein, o silêncio esmagado dos viticultores de Ré, a loucura dos homens de Leros, ou degenerescência vertiginosa dos últimos albinos de Fernando de Noronha. Uma humanidade em extinção se revela sem máscaras, com seus defeitos gritantes (a mesquinharia, o separatismo cego, a mentira), suas qualidades surdas e triunfais (a coragem, a generosidade, a solidariedade), como se a moral e sua irmã, a dissimulação, só fossem válidas nos continentes.

A descoberta desses rostos nus é um choque.

Então não existe paraíso? Quem então nunca acreditou que só existia na loucura? Mas há coisa melhor que paraísos: uma espécie de embriaguez em se ver numa arca, como a de Noé, enquanto o resto do mundo se afoga.

Eu voltei com os bolsos cheios de virtualidade de filmes Kodac. Os tubinhos de metal colorido estão ainda sobre a lareira à espera de revelação. Talvez algumas cenas ou alguns encontros mereçam ficar no limbo, pois assim tentaremos sempre nos lembrar de sua luz. Eles provam que eu não buscava o desejo de cor exótica, nem a preocupação de novidades "necessárias". Pobre alma rica, que imaginava ir a uma coisa diferente... e crescer! Mais longe, mas nem mais novo, nem mais diferente; mais profundo sempre, mais alto talvez[8]. A depuração constante da mesma coisa, sentida na igualdade eterna que unifica a diversidade num feixe de harmonia sem fim.

No crepúsculo absoluto, o que produz a beleza é a pulsação íntima da queda simplesmente idêntica, não o espetáculo exterior em sua variedade pitoresca. O coração, se existe, é sempre o mesmo; o silêncio, verdadeira língua universal, é em todo lugar o mesmo. Entre dois batimentos do coração, entre duas pérolas de silêncio, copiei em notas leves as ilhas que as profundezas primeiras e singulares do mundo do instante elevavam em minha alma de viajante ligada ao "centro uno" por um fio elástico de *saudade...*

Nos confins de Portugal, onde a Europa vem acabar, acontece alguma coisa. O saber se opõe à oração. Os homens tiram o olhar da cruz, eles se levantam depois de terem ficado ajoelhados por séculos, tentam ver mais adiante. Diante deles, num mundo ignorado pela Cristandade, uma humanidade desabrocha isoladamente, negação viva

8.   "Eu não evoluo, eu viajo", dizia Fernando Pessoa.

das Santas Escrituras, nas quais está prevista a chegada dos "Senhores da terra, homens barbudos de pele branca". A Europa treme, a Europa está em trabalho de parto. Logo, numa Terra que se curva doravante na forma de um globo, dará à luz a ilhas, arquipélagos, continentes... Ali, na ponta de Sagres, Henrique o Infante, mais tarde denominado O Navegador, aguarda o retorno de suas caravelas...

Quando os europeus, guiados pelos marujos portugueses, começaram, no século XV, a olhar em direção ao Atlântico e transportarem-se, em pensamento, para o outro lado do oceano, depararam-se com um problema que lhes pareceu insuperável. Como ter certeza de que conseguiriam não somente ir, mas também voltar, já que os marinheiros temem a armadilha do mar imóvel, esses sargaços[9] já conhecidos por suas águas plácidas, atulhadas de algas perigosas? Com os famosos ventos, era possível, decerto, a partir das costas ocidentais da Europa, deixar-se levar para o alto-mar, mas, segundo as capacidades humanas, não se encontraria mais, depois, nenhuma rota que permitisse voltar um dia aos portos europeus. Mesmo para o melhor marinheiro não existia retorno ao porto contra o vento; pode-se cruzar à frente do vento, mas não ir contra sua direção dominante. Em meio a essa perplexidade, ocorreu aos marinheiros portugueses uma idéia para lá de audaciosa. Trata-se, considerando-se calmamente, do pensamento mais revolucionário dos tempos modernos, a idéia mais comovente fora do domínio religioso, a idéia mais inverossímil e mais perigosa que os europeus dos tempos modernos jamais tiveram.

9. O "sargaço" é uma alga marrom (*ficales*), cheia de ramos muito difundida no nordeste das Antilhas.

Usando-se uma imagem, pode-se dizer que os navegantes portugueses "se fiaram no vento". Eles se deixaram levar – primeiro em pensamento, depois em navios – nas belas brisas confiáveis que sopram no oceano e se afastam da Europa. Atravessaram a fronteira a partir da qual não existe mais esperança racional para um retorno, e deixaram o alísio levá-los ao alto-mar, arriscando incondicionalmente seus navios, suas vidas[10] e suas nações. Segundo a bela fórmula de Michel Foucault, o navegante é um louco lançado em sua nau, "prisioneiro no meio da mais livre, mais aberta das estradas: solidamente acorrentado à infinita encruzilhada. É o Passageiro por excelência, isto é, o prisioneiro da passagem"[11].

Assim procedendo, os navegantes tiveram uma idéia sobre a dinâmica dos ventos abaixo do Atlântico Norte. Começaram a compreender, primeiro intuitivamente, depois com uma prática rotineira, e, mais tarde ainda, na teoria, que os ventos euro-americanos constituem um sistema de massas de ar em turbilhões. O ar atmosférico acaba dando a seu movimento um sentido leste-oeste, mais ou menos provocado pelo movimento de rotação do planeta. São os alísios, ventos regulares do leste que sopram regularmente durante grande parte do ano. Nas latitudes mais setentrionais, como a atmosfera "gira" mais rápido do que a Terra, esse fenômeno gera ventos de direção inversa, do setor oeste. Esses ventos do oeste, quase

---

10. Segundo a célebre palavra do historiador João de Barros (1497-1562): "O oceano é o túmulo mais comum dos portugueses".
11. Michel Foucault, *Histoire de la folie à l'âge classique*, Paris: Gallimard, 1972, p. 22 (trad. bras. História da Loucura, São Paulo: Perspectiva, 1978, p. 12).

sempre tempestuosos, dominam, mas não são nem contínuos nem permanentes, ao contrário dos alísios. Hoje, nós, telespectadores europeus, vemos essa estrutura quotidianamente, pela perspectiva dos satélites, olhando as imagens meteorológicas, sem adivinhar que temos diante dos olhos o mistério político-climatológico da globalização. Os marinheiros do século XVI precisaram, para entendê-lo, precipitar-se num turbilhão que lhes era totalmente imperceptível e abandonar-se a seu movimento, prontos para o que desse e viesse. Sua idéia era deixarem-se ir para o alto-mar até o ponto em que, depois de ter obstinadamente mantido a direção para o oeste, o alísio do nordeste, a uma distância vertiginosa, os levasse a zonas do vento do oeste, numa das quais se encontraria o vento de retorno.

De acordo com a historiadora espanhola Consuelo Varela, um navegante anônimo teria desempenhado o papel de pré-descobridor, aventurando-se mais a oeste do que os outros e providencialmente retornando; ele teria passado a informação decisiva: o segredo do caminho de "ida e volta". Esse marinheiro desconhecido teria dado o que falar, mas Colombo jamais o evocou em seus escritos. Todas as primeiras crônicas falam dele, desde o início do século XVI. Las Casas e Fernando Colombo também. A história se situa na Madeira, no Porto Santo ou em Huelva, mas o cenário é idêntico: um marinheiro volta ao porto, esgotado, é recolhido por Colombo, conta-lhe sua aventura e morre em seus braços, ou quase. Um marinheiro que foi parar por acaso do outro lado e teve a sorte de voltar. O que dá corpo a essa hipótese é a rota escolhida por Colombo na volta de sua primeira viagem. Em vez de voltar sobre suas pegadas, ele pega bruscamente o norte, como se já conhecesse o movimento circular dos ventos no Atlântico.

Seja como for, essa manobra fantástica, que se tornou rapidamente tão banal quanto é hoje o tráfego aéreo, recebeu dos marinheiros portugueses um nome sonoro: "volta do mar". Seria, por assim dizer, uma "guinada" em alto-mar. Pode-se, de resto, notar que no primeiro tempo os europeus só procuraram e descobriram o mar, não a América – pois esse continente nunca foi em si procurado; sua descoberta foi apenas o resultado fortuito desse avanço mar adentro, cuja finalidade verdadeira era descobrir a famosa passagem, abrindo a rota das Índias. Mas sem a *volta do mar*, os europeus não teriam descoberto a América; sem ela, não haveria navegação mundial européia e, portanto, nada de globalização a partir da Europa, nada de imigração dos europeus para as duas Américas, nada de colonização da Austrália, nada de espanhóis nas Filipinas e no México, nada de portugueses em Goa, nada de holandeses em Sumatra, nada de ingleses na África e na Índia. Sem eles, não haveria British Empire, nem Estados Unidos da América. Enfim, sem a volta do mar não haveria mundo moderno nem a Europa dos tempos modernos tais como os conhecemos.

Longe de mim a idéia de glorificar a era eurocêntrica que foi o último meio milênio. Mas me parece importante lembrar que no centro da época da globalização – durante a qual a terra foi elaborada como mônada geológica, unidade ecúmena[12] – se encontra uma figura náutica que inspira os marinheiros e faz refletir os filósofos. A *volta*

12. A. Berque, *Etre humains sur la Terre, principes d'éthique de l'écoumène*, Paris: Gallimard, 1996.

do mar encarna em si os traços essenciais do *estar aqui* móvel, do *deixar-se levar*, da saída, da guinada. Ela parece responder de longe à ontologia de Heidegger, ao seu pensamento de origem e do princípio, do fundo, do fundamento e da fundação, da terra e do território (ao qual esse não-navegador resoluto ficava tão apegado); responder que um ponto de rotação se esconde no coração do perigo como o entendera, através de sua errância trágica, o enigmático Hölderlin[13].

Os marinheiros eram aventureiros que não acreditavam nas coisas muito pesadas (a estrutura social, a hierarquia organizada, a herança das tradições). Seu Atlântico é a inteligência coletiva de uma espécie que se reúne, hoje em dia, primeiro nas mídias mundiais, nos meios de transmissão e de extensão do tempo mundial. É nas voltas do mar desse Atlântico da inteligência que os homens aprenderão a levar seu pensamento mais adiante, liberando-se dos fardos correspondentes às preocupações de um século XV que permanece medieval. De crescimento econômico e de negócios fatídicos, de conservação dos bens e de apropriação das coisas. Nós estamos condenados à confiança. Nós não podemos fazer nada além de aquiescer ao movimento de fuga para frente, à sincronização das máquinas, à perda do humano que estas nos impõem. Aparentemente sem retorno. E aí, de repente, os ventos mudam.

13. "Onde reside o perigo, também cresce o que salva", F. Hölderlin, *Patmos*, Alemanha, 1804.

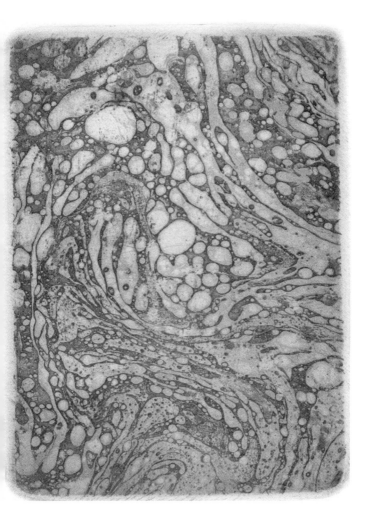

ÍNDICE REMISSIVO

abraços – 112
Abreu, Luís de – 49
África – 55, 112, 125, 165
africana, origem – 47, 112
africanos – 131
Agamben, Giorgio – 142
ainocôs – 127
Alcântara – 159
Aleijadinho – 66, 135
Ali Babá – 62
alísio – 163, 164
Allen, Woody – 158
alma – 9, 28, 46, 47, 88, 95, 119, 150, 154, 157, 161
amapá – 76
Amarantina – 64
Amazonas – 84, 90, 141
Amazônia, amazônica – 37, 49, 67, 68, 69, 72, 75, 77, 82, 83, 86, 87, 88, 90, 91, 94, 97, 98, 99, 108, 141, 142, 148, 152, 159

América, americanos – 19, 26, 31, 37, 41, 48, 58, 61, 69, 70, 71, 85, 121, 127, 129, 130, 132, 135, 138, 142, 146, 151, 152, 163, 165
ameríndios – 135
amor – 11, 44, 45, 58, 127
Andrade e Silva, José Bonifácio de – 122n
Andrade, Mário de – 148
Andréia, general – 94
angústia – 124, 132, 157
ano de 1500 – 54
Antigo Testamento – 101, 140
Antônio Vieira – 133
Araguaia – 98
Arapaima Gigas – 85n
Arendt, Hannah – 136
Argentina, argentinos – 83, 110, 142
arquitetura, arquitetos – 26, 30, 43, 55, 57, 63, 65, 83, 101, 124

arte – 31, 36, 37, 41, 50, 52, 65, 80, 121, 122
aruaques – 67
Ásia – 47, 62
astecas – 67
atabaque – 54
Atlântico – 44, 52, 78, 82, 114, 146, 162, 163, 165, 166
Auden, W.H. – 35, 178

babaçu – 76
bacaba – 89
Bahia – 25, 40, 41, 53
baía – 48, 50, 52, 53
Barbacena – 120
barbárie – 43
barroco – 65, 133
Barros, João de – 163n
Baudrillard, Jean – 47, 122, 130
Belém – 73, 78, 90, 91, 93, 94, 96, 98, 101, 126, 128, 141
Belo Horizonte – 63, 64
bem-te-vi – 78
Benjamin, Walter – 140
Bernanos – 120, 121
Bernhardt, Sarah – 73
Berque – 165n
bichos – 32, 109
Blade Runner – 62
Boa Vista – 71
Bolívia – 83
borracha – 78
bossa-nova – 48, 131
botos – 78
Bragança – 122n
brancos – 66, 93, 99, 127, 128
Brasília – 30, 55, 56, 57, 58, 108

Buarque de Holanda, Sérgio – 26, 117
bumbum – 47
bunda – 47
buriti, buritis – 89, 96

Cabanagem – 93
cabanos – 93
caboclos – 75, 78, 96, 97, 127
Cabral, Pedro Álvares – 11
cachaça – 142
Cachoeira do Campo – 64
cafezinho – 126
cafuzos – 127
cahutchu – 67, 151
Cairu, Visconde de – 116
caldeirada – 84
Campinas – 45
campo cerrado – 64
Camus, Albert – 120
candiru – 87
capitão da mata – 77
cariocas – 40, 52
carnaval – 48, 124, 131, 132
Carnegie, Andrew – 68
casarões – 65
Cavafy – 155
caxinguelê - 49
Céline – 19
Cendras, Blaise – 43
Ceschiatti – 63
céu – 25, 29, 30, 45, 46, 51, 58, 60, 64, 66, 79, 82, 90, 96, 100, 146
Châtellerault – 56
Chatwyn, Bruce – 149n
churrascaria – 82, 132
Cioran – 121

Ciudad del Leste – 61
cocotas – 47
Coelho, Paulo – 118
Colômbia – 80
Colombo, Cristóvão – 67, 135, 164
Colombo, Fernando – 164
comida por quilo – 91
Comte, Augusto – 117
concretista – 35
Condamine, Charles-Marie de La – 67
Congonhas do Campo – 67
Cool Memories – 122
Copacabana – 40, 46, 47
Cortez – 67
corubos – 142
Costa Rica – 71
Costa Verde – 41
Coudreau, Henri – 98n
Cousteau – 156
Cruz das Almas – 120
Crystal Palace – 84
Cunha, Tristão da – 137
cupuaçu – 88

Dalí – 58
Debret, Jean-Baptiste – 122
"Desafinado" – 48
Devonshire, Duque de – 83
Di Cavalcanti – 24
dinheiro – 33, 66, 68, 95
Dolce y Gabana – 38
Donne, John – 159

Ecuador – 79n, 92, 124n, 148
Edifício Itália – 41
Edison, Thomas – 69

Eiffel – 84
Eliot, T. S. – 147n
Elizabeth I – 82
Emílio Goeldi – 91
encontro das águas – 77
engenhos – 52
Equador – 25, 28, 82, 101
escritor viajante – 158
Espanha, espanhóis – 65, 68-69, 82, 118, 120, 129, 136, 137, 165
Esperando os Bárbaros – 155
Estação da Luz – 43
Estação das Docas – 94

faiscadores – 65
faroeste – 55, 60
farofa – 74, 77
favelas – 44, 49, 50, 124
Fawcett, coronel – 123
fazendeiros – 45, 99
feijão – 120
Fellini – 44
Fernando de Noronha – 159, 160
filhos do boto – 78
filhos do mato – 93
Filipinas – 165
Firestone, Harvey – 69
Fleming, Peter – 123, 124
Focker – 90
Fondane, Benjamin – 121
Ford, Henry – 68, 69, 70, 71
Fordlândia – 67, 69, 70, 71
forró – 112
Fortaleza – 41, 47
Forte do Castelo – 93
Foucault, Michel – 163

171

Foz do Iguaçu – 62, 109
franco-mações – 52, 117
Franklin, Benjamin – 67
frevo – 112
Freyre, Gilberto – 108, 131
Funai – 128n
futebol – 110, 111, 112

Galeão – 51
garotas – 47
Gaudí – 84
Gaulle, general de – 133
Gil, Gilberto – 11, 112
Globo (TV) – 138, 152
Goa – 165
Goethe – 11
Goodyear, Charles – 68
Gracq, Julien – 82
grã-finos – 33, 37, 38
Grenier, Jean – 130, 160
Guamá – 96
guaraná – 86, 87, 88
Guarulhos – 44
Guiana Inglesa – 83
Guimarães Rosa – 34
Guimard – 84

Habsbourg – 122
Heidegger – 166
Henrique IV – 151
Hergé – 123n
hévea – 67, 69, 105
high tech – 62
higiene – 107
Higienópolis – 31
história – 44, 45, 58, 60, 65,
    66, 102, 105, 108, 122,
    125, 140, 153, 164

Holanda – 52
Hölderlin – 166
hotel, hotéis – 48, 57, 67, 115,
    132, 145, 147, 158
Houellebecq – 150, 151
Huelva – 164
Hugo, Victor – 121
humanidade – 90, 137, 160,
    161
humanos – 32, 55, 67, 88, 90,
    98, 111, 125, 126, 133, 134,
    135, 158, 160, 162, 166
Hyde Park – 83

Ibama – 87
idéias – 21, 42, 72, 107
ideologia – 119, 136
igarapé – 74
Ilha do Príncipe Eduardo – 70
Ilha dos Papagaios – 95, 96
Ilha Maurício – 50
ilhas – 45, 53, 74, 96, 159, 160
ilusão – 42, 45, 122, 160
imagens – 29, 33, 44, 60, 86,
    116, 133, 134, 157, 163,
    164
imigrantes – 38, 115, 119, 127,
    128, 165
impressão – 41, 51, 74, 80, 91,
    115
Índia – 165
Índias – 70, 151, 165
indígenas – 41, 54, 71, 75, 76,
    79, 84, 87, 88, 93, 99, 100,
    108, 125, 127, 128, 131,
    136, 138, 140, 141, 149,
    152, 159
inflação – 33, 49, 56

informática – 62, 141
Inglaterra – 69, 84
injustiça – 40, 50, 97
instituição – 38, 107, 108, 132
inteligência – 44, 82, 124, 166
Internet – 141, 152
inútil – 157
Ipanema – 40, 47, 48
irreverência – 53, 134
Itaipava – 120
Itaipu – 41, 60
italianos – 38, 101, 115
Itaparica – 53
itaúba – 76

jabuticabeira – 49
jacarandá – 67
jacareúba – 76
jacu – 75
jambo-rosa – 75
jambu – 159
James, Henry – 159
jaraqui – 85
Jardim da Luz – 32, 43
Jefferson, Thomas – 67
jeitinho – 34, 108, 109
jeitinho brasileiro – 34, 109
jenipapo – 49
Jericoacoara – 159
Jivaros – 142
João VI – 50
Jobim – 48, 51, 131
jogo de cintura – 108
Juiz de Fora – 120

Kant – 137n
Keyserling – 20, 130

Kubitschek, Juscelino – 56, 57, 63
Kubrick – 56

La Rochefoucault – 116
Lacarrière, Jacques – 158
lanchas – 73
Lapouge, Gilles – 45, 148, 155
Las Casas, Bartolomé de – 136, 164
Las Vegas – 63
lei de Murphy – 144
Lelong – 112
Leros – 160
Lévi-Strauss – 33, 121, 124, 152, 153
Libéria – 69
Lisboa, Antonio Francisco – 66n
Lispector, Clarice – 30, 131
Lope de Aguirre – 82
Lourival – 99

Madeira – 164
Mãe África – 55
Malaia – 70
malandragem – 108
malandrinho – 109
malandros – 109
Malásia – 69, 70
Manaus – 58, 68, 72, 74, 75n, 78, 79, 80, 84, 85, 90, 92, 141, 158
maniçoba – 98
Manuel de Portugal – 129
Maracanã – 111
maracatu – 98
marajá – 76

marido – 35
marinheiros – 164, 165, 166
Marx, Burle – 63
Mata Atlântica – 52n
Mato Grosso – 123
Matozinhos, Bom Jesus de – 67
Matta, Roberto da – 111
mestiços – 43, 93, 94, 119, 122, 127
Michaux, Henri – 47, 79, 92, 107, 125n
Michelet – 107
Minas Gerais – 64, 65
mineiras – 33
mineradores – 65
Montaigne – 79, 136
montanhas – 52, 64, 67
moqueados – 84
moral – 21, 117, 136, 150, 160
Morand, Paul – 125
morros – 50
motéis – 44
Museu de Ciências Naturais da Amazônia – 87
museus – 33

namorado – 35
Napoleão – 122
Nassau, Maurice de – 52n
negro – 66, 72, 77, 80, 82, 94, 112, 123, 124, 125, 127, 135, 136
nenúfares – 49, 78
New Tribes Mission – 63
Niemeyer – 26, 56, 57, 63
nisseis – 127

Noé – 73, 160
Nordeste, nordestinos – 33, 98, 101
nostálgico – 58, 71
Novo Mundo – 42, 72, 118, 131

Olodum – 54
Orellana, Francisco de – 82
Orsenna, Érik – 93n
Ouro Preto – 64

Pampulha – 63
Pão de Açúcar – 109
Pará – 84, 86, 91
Paraguai – 60, 61, 83, 120
Paraná – 61
Parati – 52
paulista, paulistano – 30, 33, 36, 38
Paxton, Joseph – 83, 84
pé-de-moleque – 52
Pedro II – 50, 94, 100
Péguy – 102n
peixe-boi – 86
Pelourinho – 54
Perimetral Norte – 99
Pernambuco – 50
Pessoa, Fernando – 161n
Petrobrás – 52
Pindorama – 89
piramutaba – 85
piranha – 85, 87, 124
pirapema – 85
Pirapora – 120
Pirarucu – 85, 86, 88
Pizarro, Gonzalo – 82
Ponte da Amizade – 61

popopo – 96
Portinari – 63
Porto Alegre – 23, 138
Porto Santo – 164
portos – 106, 162
Portugal, portugueses – 26, 34, 65, 67, 68, 84, 93, 110, 118, 128, 129, 130, 131, 137, 138, 161, 162, 163, 165
positivismo – 117n
Post, Franz – 52
pousada – 25
praça da República – 91
praça dos Três Poderes – 58
Praz, Mário – 40, 51n
proibições – 49
Proust – 130, 150
pupunha – 88

Queneau – 47
Quignard, Pascal – 154

Raleigh, Walter – 82
rapa-pé – 112
rebolado – 112
Rich, Claude – 102n
Rimbaud – 54
Rio – 23, 26, 41, 45, 46, 47, 48, 49, 50, 51, 52, 80, 106, 108, 109, 152
rio Paraná – 41
rio-mar – 72, 90
rodízio – 132
Rodrigues Alves – 91
Rondon, Marechal – 128n
Rondônia – 84

Sagres – 162
Salvador – 53, 54, 55
samba – 32, 55, 108, 112
"Samba do Avião" – 51n
Santarém – 70, 73
Santo Antônio da Barra – 53
Santos Dumont – 46
São Luís – 100, 159
São Paulo – 23, 26, 28, 29, 30, 31, 32, 34, 38, 41, 42, 43, 44, 45, 52, 58, 72, 102, 106, 108, 110, 152
sargaço – 162
saudade – 23, 102, 130, 131, 161
Schomburgk – 83
Sé, Igreja da – 100
Segalen – 130, 145
seleção – 112
Senna, Ayrton – 44
seringueiros – 70, 98
Serra do Mar – 41
Serres, Michel – 46, 110
Silva, Rodrigo – 64
Soares dos Reis – 130
Solimões – 72, 77, 78, 80, 141
Soulages – 75
Souza, Martim Afonso de – 48n
Souza, Octavio – 129
Steinway – 62
Stendhal – 155
Stevenson – 149
Stiegler, Bernard – 151n
Sullivan – 84
Sumatra – 165

surreal, surrealistas – 26, 43, 51, 116
surubi – 85

talha – 66n
tambaqui – 84, 85
tambaqui com tucupi – 84
Tanguy – 58
Tapajós – 69, 70, 72, 98
tapuru – 76
Tati – 51
Teatro da Paz – 91
telenovela – 36, 114, 115, 116
Terezin – 71
Ticanto – 123, 124
Tijuca – 49
Tiradentes – 65, 66
Tocantins – 84
trópico, tropicalismo – 25, 40, 53, 66, 80, 84, 93, 94, 100, 101, 108, 115, 120, 121, 133, 141
tucunaré – 85
tupi-guarani – 44
Turrialva – 71

Um Bárbaro na Ásia – 47
Updike, John – 118

Urca – 50
Ursua, Pedro de – 82
urubus – 45, 95

Varela, Consuelo – 164
Vassouras – 120
Vaubran – 93
Veloso, Caetano – 118
ver-o-peso – 95
vitória-régia – 49, 78, 83-84
Vila Rica – 64
Vinícius – 48
volta do mar – 165

Watoriki – 99
Wickham, Henry – 70
Wright – 84

xaréu – 85
Xawara – 99
Xingu – 98

Yanomami – 99, 152

zabumba – 47
Zelig – 158
Zweig, Stefan – 55, 119, 120

O autor faz questão de agradecer Giselda Leirner e sua família pela ajuda, confiança, recepção calorosa e presença atenciosa, assim como todos os brasileiros amigos ou conhecidos que encontrou durante estas estadas.

Nascido em 1950 e formado em literatura e filosofia, Patrick Corneau é doutor em ciências da informação e da comunicação e ensina na Universidade de Bretanha Sul (França). Especialista na obra de Jean Grenier, que foi professor e amigo de Albert Camus, Corneau é autor de artigos e ensaios de literatura, estética e crítica de arte para revistas francesas e brasileiras.

COLEÇÃO ELOS

1. *Estrutura e Problemas da Obra Literária*, Anatol Rosenfeld.
2. *O Prazer do Texto*, Roland Barthes.
3. *Mistificações Literárias: "Os Protocolos dos Sábios de Sião"*, Anatol Rosenfeld.
4. *Poder, Sexo e Letras na República Velha*, Sergio Miceli.
5. *Do Grotesco e do Sublime*, Victor Hugo.
6. *Ruptura dos Gêneros na Literatura Latino-Americana*, Haroldo de Campos.
7. *Claude Lévi-Strauss ou o Novo Festim de Esopo*, Octavio Paz.
8. *Comércio e Relações Internacionais*, Celso Lafer.
9. *Guia Histórico da Literatura Hebraica*, J. Guinsburg.
10. *O Cenário no Avesso*, Sábato Magaldi.
11. *O Pequeno Exército Paulista*, Dalmo de Abreu Dallari.
12. *Projeções: Rússia/Brasil/Itália*, Boris Schnaiderman.
13. *Marcel Duchamp ou o Castelo da Pureza*, Octavio Paz.
14. *Mitos Amazônicos da Tartaruga*, Charles Frederik Hartt.
15. *Galut*, Itzack Baer.
16. *Lenin: Capitalismo de Estado e Burocracia*, Leôncio M. Rodrigues e Ottaviano de Fiore.
17. *Círculo Lingüístico de Praga*, J. Guinsburg (org.).
18. *O Texto Estranho*, Lucrécia D'Aléssio Ferrara.
19. *O Desencantamento do Mundo*, Pierre Bourdieu.

20. *Teorias da Administração de Empresas*, Carlos Daniel Coradi.
21. *Duas Leituras Semióticas*, Eduardo Peñuela Cañizal.
22. *Em Busca das Linguagens Perdidas*, Anita Salmoni.
23. *A Linguagem de Beckett*, Célia Berrettini.
24. *Política e Jornalismo: Em Busca da Liberdade*, José Eduardo Faria.
25. *A Idéia do Teatro*, José Ortega y Gasset.
26. *Oswald Canibal*, Benedito Nunes.
27. *Mário de Andrade/Borges*, Emir R. Monegal.
28. *Poética e Estruturalismo em Israel*, Ziva Ben-Porat e Benjamin Hrushovski.
29. *A Prosa Vanguardista na Literatura Brasileira: Oswald de Andrade*, Kenneth D. Jackson.
30. *Estruturalismo: Russos X Franceses*, N. I. Balachóv.
31. *O Problema Ocupacional: Implicações Regionais e Urbanas*, Anita Kon.
32. *Relações Literárias e Culturais entre Rússia e Brasil*, Leonid A. Shur.
33. *Jornalismo e Participação*, José Eduardo Faria.
34. *A Arte Poética*, Nicolas Boileau-Déspreaux.
35. *O Romance Experimental e o Naturalismo no Teatro*, Émile Zola.
36. *Duas Farsas: O Embrião do Teatro de Molière*, Célia Berrettini.
37. *A Propósito da Literariedade*, Inês Oseki-Dépré.
38. *Ensaios sobre a Liberdade*, Celso Lafer.
39. *Leão Tolstói*, Máximo Gorki.
40. *Administração de Empresas: O Comportamento Humano*, Carlos Daniel Coradi.
41. *O Direito da Criança ao Respeito*, Janusz Korczak.
42. *O Mito*, K. K. Ruthven.
43. *O Direito Internacional no Pensamento Judaico*, Prosper Weill.
44. *Diário do Gueto*, Janusz Korczak.
45. *Educação, Teatro e Matemática Medievais*, Luiz Jean Lauand.
46. *Expressionismo*, R. S. Furness.
47. *O Xadrez na Idade Média*, Luiz Jean Lauand.
48. *A Dança do Sozinho*, Armindo Trevisan.
49. *O Schabat*, Abraham Joshua Heschel.
50. *O Homem no Universo*, Frithjof Schuon.
51. *Quatro Leituras Talmúdicas*, Emmanuel Levinas.
52. *Yossel Rakover Dirige-se a Deus*, Zvi Kolitz.
53. *Sobre a Construção do Sentido*, Ricardo Timm de Souza.

54. *Circularidade da Ilusão e Outros Textos*, Affonso Ávila.
55. *A Paz Perpétua*, J. Guinsburg (org.).
56. *A "Batedora" de Lacan*, Maria Pierrakos.
57. *Quem Foi Janusz Korczak?*, Joseph Arnon.
58. *O Segredo Guardado: Maimônides – Averróis*, Ili Gorlizki.
59. *Vincent van Gogh*, Jorge Coli.
60. *Brasileza*, Patrick Corneau.

Impresso em São Paulo, em julho de 2007,
nas oficinas da Editora e Gráfica Vida e Consciência,
para a Editora Perspectiva S.A.